Carl-Auer

Fritz B. Simon

DIE KOMMENDEN DIKTATUREN

Ein Worst-Case-Szenario

2024

Reihe »update gesellschaft«
hrsg. von Matthias Eckoldt
Umschlagentwurf: B. Charlotte Ulrich
Redaktion: Vera Kalusche
Layout und Satz: Melanie Szeifert
Printed in Germany
Druck und Bindung: CPI books GmbH, Leck

MIX
Papier | Fördert gute Waldnutzung
FSC® C083411

klimaneutral
Mehr Bäume. Weniger CO_2

Erste Auflage, 2024
ISBN 978-3-8497-0556-5 (Printversion)
ISBN 978-3-8497-8507-9 (ePub)

Bibliografische Information der Deutschen Nationalbibliothek:
Die Deutsche Nationalbibliothek verzeichnet diese Publikation in der Deutschen Nationalbibliografie; detaillierte bibliografische Daten sind im Internet über http://dnb.d-nb.de abrufbar.

Informationen zu unserem gesamten Programm, unseren Autoren und zum Verlag finden Sie unter: **https://www.carl-auer.de/**.
Dort können Sie auch unseren Newsletter abonnieren.

Carl-Auer Verlag GmbH
Vangerowstraße 14 · 69115 Heidelberg
Tel. +49 6221 6438-0 · Fax +49 6221 6438-22
info@carl-auer.de

Inhalt

Vorbemerkung – Was passiert, wenn nichts passiert?

Klimaforscher prognostizieren eine Erderwärmung, die über kurz oder lang weite Teile der Erde unbewohnbar machen wird. Da heute niemand weiß, was morgen wirklich passiert, sind solche Vorhersagen immer unsicher und daher von Zweifeln und Zweiflern begleitet. Die Bilder der Zukunft, die ein Einzelner oder eine Gesellschaft entwickeln, entfalten ihre Wirkung immer in der Gegenwart, da sie die Entscheidungen der Staaten wie die der Staatsbürger beeinflussen. Menschen sind historische Wesen, das heißt, unser aktuelles Handeln wird nicht nur von unserer individuellen und kollektiven Vergangenheit bestimmt, sondern auch von unserer Zukunft – genauer gesagt: unserem aktuellen Bild der Zukunft (von Konstruktivisten gern als „gegenwärtige Zukunft“ bezeichnet, was verdeutlichen mag, dass die reale Zukunft – die „zukünftige Gegenwart“ – möglicherweise ganz anders aussehen wird, als unsere Vorhersagen suggerieren).

Wenn über Zukunft gesprochen oder geschrieben wird, handelt es sich also stets um – mal mehr, mal weniger – durch Daten und Trends sowie deren Analyse gestützte Gedankenexperimente. Das Schöne an dieser Art des Experimentierens ist, dass sich ohne große Kosten einzelne Variablen hypothetisch variieren lassen, um ihre systemischen Folgen in den Blick zu nehmen (diese Nutzung des Konjunktivs wurde von Georg Christoph Lichtenberg erfunden; die Suchformel seiner *Ars inveniendi* lautet: „Wenn dieses gar nun *nicht* da wäre, *was würde alsdann* werden?"[1]). Erst mithilfe solcher Szenarien wird es in der aktuellen Gegenwart möglich, verantwortungsbewusst Entscheidungen *nach bestem Wissen und Gewissen* zu treffen.

Das Problem ist allerdings, dass derartige Gedankenexperimente unterschiedlich gestaltet und unterschiedliche Faktoren in Rechnung gestellt werden können, sodass sich manchmal konträre Resultate – unterschiedliche „gegenwärtige Zukünfte" – ergeben und, damit verbunden, unterschiedliche Handlungskonsequenzen in der Gegenwart nahegelegt werden. Die sogenannte Klimakrise liefert Dutzende von Beispielen scheinbar logisch daraus abgeleiteter politischer Programme: Autos mit Vergaser müssen verboten werden vs. es wird bald alternative, klimaneutrale Brennstoffe geben; ein Tempolimit auf Autobahnen ist die preiswerteste Schutzmaßnahme für das Klima vs. weiterhin muss gelten „Freie Fahrt für freie Bürger"; Wärmepumpen werden vorgeschrieben vs. der Markt findet die beste Heiztechnologie zur Senkung des CO_2-Ausstoßes; Atomkraft ist die sauberste Art der Energieerzeugung vs. erneuerbare Energien sind billiger und produzieren keinen Jahrtausende strahlenden Müll usw.

Je nachdem, wie die Wichtigkeit einzelner Variablen und Maßnahmen für die weitere Entwicklung des Klimas bewertet wird, werden andere Entscheidungen getroffen. Prognosen sind daher nie harmlos, sondern höchst brisant, weil sie schon die Gegenwart verändern. Sie berühren aktuelle Interessen und führen zu Interessenkonflikten. Wenn sie die Gesellschaft betreffen und massive politische Auseinandersetzungen auslösen, so ist dies – so anstrengend es auch sein mag – nicht zu beklagen, sondern angemessen. Denn Entscheidungen hier und heute haben Einfluss darauf, wie sich pfadabhängig die Zukunft morgen und übermorgen präsentieren wird. Da niemand garantieren kann, wie sie sich tatsächlich entwickeln wird, ist es nützlich, sich über die denkbaren Szenarien sachlich und kritisch auseinanderzusetzen. Solche Konflikte sind dann nicht das Problem, sondern Wege zu intelligenteren Entscheidungen (wenn auch leider nicht zwangsläufig zur besten Lösung).

Dabei geht es nicht nur um die jeweils zu berücksichtigenden Faktoren einer zu prognostizierenden, unsicheren Entwicklung, sondern auch um die *theoretischen Vorannahmen*. Solange dabei lediglich naturwissenschaftliche Fragestellungen diskutiert werden, mag es noch relativ einfach sein, einen Konsens über sie zu finden; die Naturgesetze erweisen sich nun einmal als ziemlich zuverlässig. So sind sich die meisten Klimaforscher einig, wenn nichts passiert, die Entwicklung wie bisher weitergeht und, beispielsweise, das Grönlandeis abschmilzt, wird der Meeresspiegel um mehrere Meter ansteigen (Nord- und Ostsee vereinigen sich dann, Dänemark steht nicht mehr als Reiseland zur Verfügung und Clausthal-Zellerfeld wird zum Seebad).

Was gesellschaftliche und politische Fragestellungen angeht, ist ein Konsens über die kommende Entwicklung sehr viel schwieriger zu finden. Schließlich ist der Markt politischer Modelle erheblich vielfältiger, als es die Modelle der Klimaforscher sind. Ideologische Vorannahmen spielen dabei oft – explizit oder implizit – eine gewichtige Rolle, da sie sich politisch instrumentalisieren lassen. Durch jede Entscheidung heute entscheiden wir uns auch in Bezug auf das Gesellschaftssystem, in dem wir und/oder große Teile der Welt einmal leben werden, für eine bestimmte Zukunft. Wir stellen Weichen, eröffnen oder verschließen Optionen. Es ist also sinnvoll, auch in Bezug auf die gesellschaftlichen und politischen Folgen der Erderwärmung Zukunftsszenarien zu entwickeln. Die basale Frage lautet auch hier: Was passiert, wenn nichts passiert? Das heißt, wenn die Entwicklung so weitergeht wie bislang, wie wird dann unsere Gesellschaft bzw. die Weltgesellschaft in Zukunft aussehen – morgen, nächstes Jahr, in x Jahren oder Jahrzehnten?

Grob gesagt lassen sich prinzipiell zwei Zukunftsszenarien gegeneinander abgrenzen. Eines, bei dem durch eine rosa gefärbte Brille geschaut wird („Alles wird gut!“), das heißt, es wird als „Best-Case-Szenario“ eine positive Utopie entwickelt – wenn nicht das Paradies auf Erden, so doch eine anzustrebende Zukunft (die konkreten Utopien sind im Folgenden beiseite gelassen, da sie meist irgendeinen *Deus ex machina* – z. B. *die* rettende technische Innovation – einführen, der/die für ein Happy End sorgt; sollte sich solch eine Utopie realisieren, wird ja eh alles gut, und wir müssen uns keine weiteren Sorgen machen). Die andere Perspektive ist düsterer, das Bild ist dunkel, eine Dystopie wird konstruiert, eine Zukunft, die es zu vermeiden gilt. Natürlich macht es mehr Spaß, sich eine glorreiche und glückliche Zukunft vorzustellen, als sich mit Schwarzseherei zu belasten. Doch pragmatisch erscheint es ökonomischer, seine schwarzen Fantasien zur Entscheidungsfindung zu nutzen, statt sich durch schön gefärbte Visionen beruhigen und einschläfern zu lassen. Der Grund dafür ist relativ einfach: Worst-Case-Szenarien sagen zwar nicht, welche kreativen neuen Aktionen realisiert werden *sollten*, um die Wahrscheinlichkeit einer wunderbaren Zukunft zu erhöhen, aber sie zeigen, was zu *vermeiden* ist, um eine wahrscheinlich miserable Zukunft zu vermeiden. Bezogen auf die Erderwärmung würde die Frage dann lauten: Wenn wir innerhalb kürzester Zeit – sicher und zuverlässig – die Erderwärmung um 3,5 oder mehr Grad steigern wollten, wie könnten wir das am besten schaffen?

Wahrscheinlich wird jeder erst einmal schräg angesehen, der solch eine Frage ernsthaft stellt. Aber wenn die Frage dann beantwortet wird, dürfte sich herausstellen, dass etliche der fürs Erreichen dieses dystopischen Ziels notwendigen Maßnahmen bereits beschlossen sind und schon umgesetzt werden.

Charme und Nützlichkeit von Worst-Case-Szenarien bestehen darin, dass vermeiden und unterlassen nun einmal einfacher und preiswerter zu realisieren ist als alternative neue Handlungsmuster zu implementieren, die möglicherweise erst mühsam erlernt oder erfunden werden müssen (so viel zum Stichwort Technologieoffenheit).

Ein solches Worst-Case-Szenario soll im Folgenden skizziert werden. Allerdings ist der Fokus der Aufmerksamkeit nicht auf die naturwissenschaftlichen und/oder technischen Fragen der Erderwärmung gerichtet, sondern es skizziert die potenziellen gesellschaftlichen Bedingungen und

Konsequenzen einer Klimakatastrophe. Ziel und Hoffnung ist dabei – um hier Missverständnisse zu vermeiden –, die Wahrscheinlichkeit zu verringern, dass dieses Szenario sich realisiert.

Es handelt sich bei dem im Folgenden skizzierten Szenario nicht um einen Ausbruch ungezügelter schwarzer Fantasie, sondern es stützt sich theoretisch auf die neuere soziologische Systemtheorie* und folgt der dort analysierten Logik sozialer Dynamiken. Die Skizze beginnt mit einer Darstellung der Weltgesellschaft und ihrer aktuellen Strukturen sowie der Darstellung der Logik, nach der in unterschiedlichen gesellschaftlichen Bereichen wie Wirtschaft, Wissenschaft, Recht und Politik Entscheidungen getroffen werden, um dann die Konsequenzen für das Klima zu diskutieren und – in der weiteren Folge wiederum – die wahrscheinlichen Rückwirkungen auf die Politik und die Strukturen der (Welt-)Gesellschaft.

Dass diese Analyse zu keinen für die Demokratie positiven Ergebnissen führt, zeigt schon der Titel dieser Schrift. Doch das ist nur ein Worst-Case-Szenario. Seine Realisierung kann wahrscheinlich/hoffentlich verhindert werden, wenn der Wille dazu vorhanden ist.

---

* Siehe federführend Niklas Luhmann (1984, 2001), aber auch Dirk Baecker (2008), Helmut Willke (1982) und etliche andere. Es handelt sich um eine komplexe Theoriearchitektur, aber im hier vorliegenden Text wird versucht, alle verwendeten Konzepte auch für den nichtsoziologischen Normalverbraucher verständlich zu machen.

Die gegenwärtige Struktur der Weltgesellschaft

Im Laufe der Geschichte haben sich an unterschiedlichen Orten zu unterschiedlichen Zeiten sehr verschiedene Gesellschaftsformen entwickelt. Zu Urzeiten dürften sich Familien- und kleinere Verwandtschaftsverbände zu sozialen Überlebenseinheiten geformt haben, gefolgt von Stammesorganisationen, die mit zunehmender Zahl der Mitglieder in Konkurrenz zueinander gerieten und Konflikte miteinander austrugen. Schließlich bildeten sich Städte und Stadtstaaten als soziale Überlebenseinheiten, die in antiken Zeiten zum Teil demokratisch (zumindest innerhalb bestimmter Gruppen) regiert wurden, dann aber durch hierarchisch organisierte Feudalsysteme abgelöst wurden.

In modernen Zeiten, seit Beginn der Aufklärung und mit der industriellen Revolution, hat sich – zumindest in Westeuropa und den USA – eine neue Form sozialer Strukturen entwickelt: Unterschiedliche Bereiche der Gesellschaft grenzen sich gegeneinander ab, übernehmen Aufgaben und Funktionen für die Gesellschaft („funktionale Differenzierung“[2]) und entwickeln ihre eigene, durch die jeweiligen Zwecke und Ziele bestimmte Logik der Entscheidungsfindung. Mit anderen Worten: In diesen gegeneinander abgeschotteten Bereichen („gesellschaftlichen Funktionssystemen“) gelten unterschiedliche Spielregeln. Als Beispiele seien hier – weil für das Thema Erderwärmung von besonderer Bedeutung – die Wirtschaft, die Wissenschaft, die Politik und das Rechtssystem genannt (es sind aber nicht die einzigen existierenden Funktionssysteme).

Um die unterschiedlichen Handlungslogiken in diesen Bereichen ein wenig zu konkretisieren: In der Wirtschaft werden Entscheidungen (nicht nur, aber zu einem großen Teil) aufgrund ökonomischer Kalkulationen getroffen. Wie rechnet sich, zum Beispiel, ein Investment? Amortisiert es sich? Lohnt sich (kurz- oder langfristig) der Kauf einer Maschine, einer Software, die Einstellung von Personal, Werbung usw. oder nicht? Wenn diese Art der Entscheidungsfindung im Rechtssystem getroffen würde („Zahlt sich ein bestimmtes Urteil für die Richter aus?"), dann könnte man Urteile kaufen. Wer über das meiste Geld verfügt, würde in Gerichtsprozessen immer siegen. Tendenziell mag dies tatsächlich so sein, da die Bezahlung von Anwälten (im Gegensatz zu der von Richtern) dem Wirtschaftssystem zuzurechnen ist. Anwälte, die sich als besonders erfolgreich auf dem Markt der Verteidiger hervorgetan haben, können höhere Honorare verlangen und daher können reiche Leute sich leichter vor dem Zugriff einer strafenden Justiz schützen. Aber das können sie vor Gericht nur deshalb, weil ein besonders kompetenter Anwalt die Spielregeln des Justizsystems besser „zu spielen" weiß als seine preiswerteren Kollegen. Doch auch er kann keine Urteile kaufen. Die Unabhängigkeit der Justiz ist der Grund dafür, dass ein reicher Mann wie Donald Trump oder auch mal ein DAX-Vorstand vor Gericht für seine Taten belangt werden kann. Und dem Angeklagten, der finanziell mittellos ist, wird – um auch ihm die Chance zu geben, zu seinem Recht zu kommen – vom Gericht ein Pflichtverteidiger zur Seite gestellt.

Wir haben es – und das mag die Analyse auf den ersten Blick erschweren – mit einer Gemengelage zu tun, in der in derselben Situation unterschiedliche Logiken der Entscheidungsfindung wirksam werden. Das Verfahren vor Gericht folgt den Regeln des Rechtssystems, das Anheuern und Abkassieren des Star-Anwalts denen des Wirtschaftssystems. Falls ein Richter sich bezahlen ließe, um ein bestimmtes Urteil „zu liefern", oder Urteile meistbietend versteigern würde (also Urteile zur handelbaren Ware machen würde), so wäre das ein eklatanter Fall von Korruption, was dann wiederum vom Rechtssystem geahndet würde (wenn es bekannt würde).

Für den einzelnen Akteur – sei es ein Individuum oder eine Organisation, eine natürliche oder juristische Person – ist die Tatsache, dass er sich gleichzeitig auf unterschiedlichen Spielfeldern mit unterschiedlichen Spielregeln bewegt, mit der Herausforderung verbunden, diese unterschiedlichen Kontexte zu unterscheiden, um sich angemessen (d. h. den jeweiligen Erwartungen entsprechend) verhalten zu können. Der Richter aus unserem Beispiel ist Mitspieler im Wirtschaftssystem, wenn er etwa mit einem Gebrauchtwagenhändler über den Preis eines Autos verhandelt, aber er ist Mitspieler des Rechtssystems, wenn er die Verhandlung in einem Betrugsprozess gegen diesen Händler leitet: Zwei identische Akteure, zwei unterschiedliche Kontexte mit unterschiedlichen Logiken angemessenen Entscheidens.

Ob die Erderwärmung gestoppt werden kann, um zum Thema zurückzukommen, ist keine Frage einer wie auch immer gestrickten absoluten Rationalität, sondern es prallen in der Gesellschaft unterschiedliche Rationalitäten („Systemrationalitäten") aufeinander. In der Wirtschaft gilt ein ökonomisches Kalkül als rational, und dieses Kalkül entspricht nicht unbedingt dem, was aus wissenschaftlicher Sicht rational wäre. Denn in den Wissenschaften wird versucht, Aussagen über die Welt – hier das Klima und seine Entwicklung – zu machen, die unabhängig vom jeweiligen Beobachter überprüft werden können. Die so formulierten wissenschaftlichen Wahrheiten sind aber auch nicht absolut, sondern sie stellen nur den aktuellen Stand des Irrtums (wie es mal ein schlauer Mensch formulierte) dar. Doch immerhin: Sie sind mit der Hilfe konsensuell festgelegter Verfahrensweisen erarbeitet worden. Wie Gerichtsurteile können wissenschaftliche Wahrheiten nicht gekauft werden, obwohl auch Wissenschaften Geld brauchen und daher in ihrer Freiheit durch wirtschaftliche Zwänge eingeschränkt sind. Aber die Rationalität ihres Funktionierens unterscheidet sich von der anderer gesellschaftlicher Funktionssubsysteme, vor allem von dem für unsere Fragestellung besonders relevanten Wirtschaftssystem.

Was die genannten drei gesellschaftlichen Bereiche – so unterschiedlich ihre jeweiligen Spielregeln und Rationalitäten auch sind – miteinander verbindet, ist, dass ihre Freiheiten durch das politische System eingeschränkt werden. Denn der Staat und seine Institutionen treffen Entscheidungen, die „kollektiv bindend"[3] sind und daher die Handlungsmöglichkeiten der genannten anderen Bereiche der Gesellschaft erweitern oder einengen können.

So werden, zum Beispiel, Gesetze gegen unlauteren Wettbewerb erlassen, die den Handlungsspielraum für Unternehmen begrenzen, und Gesetze gegen Menschenversuche oder bestimmte Formen der Genmanipulation engen die Freiheit der Wissenschaften ein, während die Zuweisung staatlicher Finanzmittel sowohl riskante Investments von Unternehmen (Subventionen) oder auch innovative Forschungsansätze (Forschungsförderung) ermöglichen können.

Es gibt also so etwas wie eine gesellschaftliche Arbeitsteilung, bei der unterschiedliche gesellschaftliche Subsysteme wie etwa die Wirtschaft oder die Wissenschaft spezielle Aufgaben für die Gesellschaft insgesamt erledigen. Sie können dies jeweils relativ ambivalenzfrei tun, weil sie auf eine Aufgabe fokussiert sind. Das gilt auch für die speziellen Typen von Organisationen, die sich zur Erfüllung dieser Zwecke und Ziel unterschiedlich entwickelt haben: Unternehmen im Wirtschaftssystem, Gerichte im Rechtssystem, Universitäten und Forschungseinrichtungen im Wissenschaftssystem usw. Auch Organisationen als Akteure sind der Rationalität des jeweiligen Funktionssystems unterworfen, in dem sie zu überleben versuchen. Das heißt, wer etwa als Inhaber einer Führungsrolle in einem Unternehmen die Verantwortung für dessen Überleben oder auch nur den Erfolg im Wettbewerb mit anderen Unternehmen auf globalen Märkten trägt, muss seine Entscheidungen wohl oder übel an den Kriterien wirtschaftlicher Rationalität orientieren.

Für Rollenträger kann dies zu inneren Konflikten führen: Wenn ein Individuum gleichzeitig in unterschiedlichen Kontexten steckt und nach unterschiedlichen Spielregeln und

Rationalitäten entscheiden könnte, so erlebt er diese unterschiedlichen Optionen möglicherweise als Ambivalenz und inneren Konflikt. Soll unser Richter – um das Beispiel bis zum letzten Tropfen auszupressen – im Prozess gegen den betrügerischen Gebrauchtwagenhändler eine milde Entscheidung treffen, wenn der ihm einen exzellenten Preis für seinen lange ersehnten Traumwagen anbietet? Er muss sich entscheiden, welchen Kontext, welches Spielfeld, welches Spiel und welche Spielregeln er als für sich handlungsbestimmend wählt.

Die Gesellschaft „an sich" ist arbeitsteilig organisiert. Die einzelnen Funktionssysteme folgen jeweils einer Entweder-oder-Logik, sodass die im jeweiligen Kontext geltenden Spielregeln im Prinzip ambivalenz- und konfliktfreies Agieren ermöglichen. Die Grenzen sind klar gezogen: Mitglieder des Rechtssystems haben den durch Gesetze vorgegebenen formalen Regeln gemäß zu entscheiden; Player des Wirtschaftssystems sollen dafür sorgen, dass in ihren Rechnungen unter dem Strich möglichst keine dauerhaften Verluste angesammelt werden und sie bzw. ihre Unternehmen nicht pleite gehen; Wissenschaftler wollen und sollen nach Erweiterung des menschlichen Wissensschatzes und Nobelpreisen streben usw.

Und das politische System? Dessen Aufgabe besteht darin, kollektiv, d. h. für die auf seinem Territorium agierenden Bewohner des Staates wie auch die unterschiedlichen dort tätigen Organisationen (also natürliche wie juristische Personen) bindende Entscheidungen zu treffen. Während in der Wirtschaft, der Wissenschaft, dem Rechtssystem (und all den anderen Funktionssystemen wie etwa dem Erziehungs-

oder Gesundheitssystem) jeweils eine andere Rationalität die Entscheidungen leitet, wird das politische System zum Schlachtfeld, auf dem die aus der Widersprüchlichkeit dieser Rationalitäten resultierenden gesellschaftlichen Konflikte ausgefochten werden. Konfliktbearbeitung ist also generell die gesellschaftliche Aufgabe der Politik. Bearbeitung meint dabei nicht, dass diese Konflikte – zum Beispiel, um beim Thema Klimapolitik zu bleiben, zwischen Wissenschaft und Wirtschaft – ein für alle Mal gelöst und entschieden würden. Ganz im Gegenteil: Die durch die Arbeitsteilung der Funktionssysteme strukturell vorgegebenen Konflikte (aufgrund unterschiedlicher Aufgaben, Ziele, Zwecke und Systemrationalitäten) lassen sich nicht auflösen oder aufheben. Sie bleiben dauerhaft bestehen und müssen daher ad hoc immer wieder aufs Neue entschieden werden.

Um den Streit zu zivilisieren, sind politische Institutionen geschaffen worden, in denen sich eine Vielzahl aller Konflikte, die das Leben in einem Land bestimmen, abbilden können. Daher gibt es in der Regel in demokratischen Staaten ein Parlament, in dem qua Wahl die Vertreter unterschiedlicher und widerstreitender Interessen sich miteinander bei der Gesetzgebung auseinandersetzen (müssen). Und da Entscheidungen stets Gefahr laufen, die gegebenen strukturellen Konflikte – wiederum, zum Beispiel, zwischen wissenschaftlicher Erkenntnis und wirtschaftlichen Interessen – zugunsten der einen Seite zu entscheiden, ist das politische System so konstruiert, dass Regierungen abgewählt werden können und das Pendel der Interessensgegensätze und widersprüchlichen

Rationalitäten in die andere Richtung umschlagen kann. Im Idealfall kommt es so zu einem Interessensausgleich, der der Mehrheit der Bevölkerung langfristig akzeptabel erscheint.

Eine der Aufgaben der Politik und damit der Politiker besteht darin, sich diesen strukturellen Konflikten zu stellen und sie zu entscheiden. Sie werden dafür bezahlt – wenn sie denn bezahlt werden –, Ambiguitäten und Ambivalenzen, die mit diesen Konflikten verbunden sind, auszuhalten und in einer Weise zu entscheiden, dass sie – da kommt ihr individuelles Überlebens- und Karriereinteresse ins Spiel – wiedergewählt werden.

Was das politische System darüber hinaus noch von Wirtschaft und Wissenschaft unterscheidet, ist, dass diese beiden weitgehend globalisiert funktionieren. Der wissenschaftliche Austausch kennt (wenn man von geheimen militärischen Projekten absieht) keine nationalen Grenzen. Das jeweils aktuelle Wissen wird weltweit geteilt, diskutiert und gegebenenfalls revidiert. Etwas weniger grenzenlos funktioniert auch die globalisierte Wirtschaft. Auch dort erfolgt der Austausch Grenzen überschreitend. In europäischen Fabriken werden Rohstoffe aus Afrika und China verarbeitet, in chinesischen oder indischen Fabriken werden Handys nach amerikanischen Designs produziert, und die modernsten Chips erhält man zurzeit aus Taiwan usw. Die Politik hingegen kann ihre bindenden Entscheidungen immer nur für ein sehr begrenztes Territorium treffen bzw. dort durchsetzen. Die Erde ist (abgesehen von der Antarktis) in Staaten aufgeteilt, und in jedem werden politische Entscheidungen getroffen, deren Gültigkeit territorial begrenzt ist. Selbst dann, wenn, wie in der Europäischen Union, versucht wird, unter einer Vielzahl autonomer Staaten verbindliche Regeln zu etablieren, ist die Bindung politischer Entscheidungen begrenzt und nicht weltumspannend. Hier zeigt sich ein Grundproblem der Klimakrise: Die Erderwärmung erkennt keine nationalen Grenzen an.

So viel zunächst zur gesellschaftlichen Ausgangslage, in der die Erderwärmung von der Klimaforschung als Problem in die öffentliche Diskussion gebracht wurde und wird. Anzumerken ist, dass es noch andere Staatsformen gibt als die in den westlichen Ländern (noch) favorisierten demokratischen Modelle. In weiten Teilen der Welt (z. B. in Afrika) bestehen Militärdiktaturen oder andere autoritäre politische Strukturen. Dass der Fokus der Aufmerksamkeit im Folgenden in erster Linie auf die Industriestaaten der Nordhalbkugel gerichtet ist, ergibt sich logisch aus dem Thema Klimakrise. Denn die Erderwärmung ist kausal der Nutzung fossiler Energien durch die Industrien dieser Staaten innerhalb der letzten 250 Jahre zuzuschreiben. Erst seither kommt es systematisch zur Emission von CO_2. Dass dabei die Länder und Wirtschaften der Südhalbkugel eine untergeordnete Rolle spielen, mag ein Gedankenexperiment von Ulrike Herrmann* illustrieren (sinngemäß zitiert): Wenn man sich vorstellen würde, dass in Afrika keine Menschen leben und daher auch

* Ulrike Herrmann in einer Diskussion zwischen ihr und Jens Spahn (stellvertretender Vorsitzender der CDU/CSU-Fraktion im deutschen Bundestag) in der Konrad-Adenauer-Stiftung, Berlin, am 30.4.2024 zum Thema „Kann die Marktwirtschaft das Klima retten?“

kein CO_2 in die Atmosphäre pusten würden, so würde dies an der aktuellen Erderwärmung so gut wie nichts ändern, denn Afrika bläst lediglich 4 % der weltweiten CO_2-Emissionen in die Luft.

Da es seit Beginn der Industrialisierung vorwiegend der sogenannte „globale Norden“ und seine kapitalistische Gesellschaftsform waren, die für die prekäre Situation des Klimas die Verantwortung trugen, sind es nun auch diese Gesellschaftsform und der Kapitalismus, die am meisten durch den Klimawandel und seine Folgen bedroht sind. Sie stehen vor der Frage, wie sie die damit verbundenen Probleme bewältigen können.

Ab jetzt wird es spannend (im Sinne des angeblich in China gebräuchlichen Fluchs, jemandem zu wünschen, in „spannenden Zeiten“ zu leben).

Wie geht es (wahrscheinlich) weiter mit dem Klima und unserer westlichen Demokratie? Stichwort: Pfadabhängigkeit.

Klimaschutz in der Wirtschaft

„Bis zum Überdruss ist von ‚Revolution', von ‚radikaler Transformation', von ‚Kollaps' die Rede, aber es ist nur zu sichtbar, dass nichts diese Ängste in ein mobilisierendes Aktionsprogramm, das den Herausforderungen entspräche, umsetzt"[4] – mit diesen Worten charakterisieren Bruno Latour und Nikolaj Schultz die Tatsache, dass zwar viel darüber geredet wird, dass die Wirtschaft sich radikal wandeln muss, wenn eine Klimakatastrophe verhindert werden soll, aber, um dies zu erreichen, relativ wenig getan wird.

Die Klima-Wissenschaften sind sich einig, dass der Ausstoß klimaschädlicher Gase, speziell von CO_2, begrenzt werden muss, wenn eine weitere Erderwärmung, die das menschliche Überleben in immer mehr Gegenden der Welt unmöglich macht, verhindert werden soll.

Die Akteure, die für den Ausstoß klimaschädlicher Stoffe in die Atmosphäre ganz überwiegend verantwortlich zu machen sind, sind *produzierende* Industrieunternehmen. Aus ökologischer Perspektive kann nüchtern festgestellt werden: „Das Produktionssystem ist zu einem Synonym für ‚Zerstörungssystem' geworden."[5]

Die Rationalität unternehmerischen Handelns entscheidet sich – wie bereits erwähnt – primär am *ökonomischen Überleben* des Unternehmens und erst sekundär an zusätzlichen Erfolgskriterien wie Umsatz, Gewinn, Menge der Arbeitsstellen, Innovation oder gar Nutzen für die Menschheit usw. Was ökonomisch rational ist, kann sich von

Unternehmen zu Unternehmen unterscheiden. Dabei wird von Kollateralschäden, die sich externalisieren lassen, d. h. von anderen bezahlt werden, im Kalkül des Unternehmens häufig abgesehen. Das heißt, etwas konkreter: Kriterien des Umwelt- und Klimaschutzes in unternehmerische Entscheidungen und Strategien einzubeziehen, findet seine Limitierung, wenn diese das Überleben des Unternehmens gefährden (entweder physisch oder weil sie mit Kosten verbunden sind, welche die ökonomische Existenz bedrohen). In einer Marktwirtschaft hängt dies von der Wettbewerbslage ab. Wenn Mitbewerber sich *nicht* durch ähnliche Anforderungen an den Klimaschutz in ihrer Handlungsfreiheit eingeschränkt sehen, gefährdet dies das Überleben all der Unternehmen, die derartige Vorgaben zu erfüllen haben. Dies gilt besonders, wenn die Märkte globalisiert sind und daher ein globalisierter Wettbewerb besteht – nicht nur zwischen einzelnen Unternehmen, sondern auch zwischen Staaten, die gesetzlich unterschiedliche Vorgaben für den Umweltschutz festlegen. Politische Entscheidungen – zum Beispiel über Grenzwerte von Emissionen –, die in Europa bindend sind, aber nicht in China, verzerren die globale Wettbewerbslage. Die Mitbewerber bewegen sich auf keinem „Level Playing Field“, die Bedingungen sind nicht für alle gleich und fair. Wenn dies nicht der Fall ist, dann wandern Unternehmen in die Länder aus, wo sie am günstigsten wirtschaften können (was allerdings nicht nur Auflagen des Klimaschutzes oder bürokratische Hindernisse betrifft).

Von den Ländern des globalen Südens, die im Blick auf die mit der Industrialisierung verbundenen Wohlstandsgewinne, wenn man sie mit denen der westlichen Industrieländer vergleicht, einen riesigen Nachholbedarf haben, ist nicht zu erwarten bzw. legitimerweise zu verlangen, auf ihre eigene wirtschaftliche Entwicklung zu verzichten. Hinzu kommt, dass sie zur Klimakrise nur minimal beitragen und beigetragen haben (siehe das erwähnte Beispiel Afrika), auch wenn einige von ihnen nun zu den Hauptleidtragenden der Krise zählen (z. B. in Form von Dürren und Ausdehnung von Wüstengebieten in Afrika, Absaufen von Inselreichen im Pazifik wegen der Erhöhung des Meeresspiegels, Flutkatastrophen in Bangladesch usw.[6]).

Die Logik des Wirtschaftssystems führt dazu, dass nur solche Klimaschutzmaßnahmen sich nachhaltig durchsetzen werden, die sich auch „rechnen“[7]. Für die Produktion erneuerbarer Energie scheint dies möglich, zumindest was die Versorgung der Privathaushalte betrifft. Anders sieht die Lage in der Industrie aus. Die Versuche, mithilfe technischer Innovationen eine weitere Steigerung der Erderwärmung zu verhindern („Green New Deal“, „energetische Transformation“, „E-Mobilität“, „Wasserstoffwirtschaft“ usw.), führen – so legen ausführliche Studien der Sachlage nahe – nicht zu nachhaltigen Lösungen.[*]

---

* Ulrike Herrmann hat in geradezu zwanghafter Sorgfalt das ganze Angebot alternativer Techniken durchgecheckt und ist bei der Evaluation jeder einzelnen zu einem vernichtenden Urteil gelangt; siehe Herrmann (2023), S. 115 ff.

Die Möglichkeiten der „Entkopplung“ von Wirtschaftswachstum und Klimaerwärmung durch Verringerung des CO_2-Ausstoßes qua technischer Innovationen dürften daher illusorisch sein.[8] Die einzige logisch stimmige Lösung scheint nach aktuellem Wissensstand der Ausstieg aus der Logik des Wirtschaftswachstums zu sein. Dabei – so ist zu vermuten – muss die Entscheidung zum Schrumpfen der Wirtschaft gar nicht getroffen werden, da das Schrumpfen zwangsläufig „passieren“ wird. Wenn auf die klimaschädlichen Energielieferanten verzichtet wird, so erhöhen sich die Kosten für Energie. Dies führt zur Verringerung der ökonomischen Effizienz der Produktion und infolge zum Schrumpfen der Wirtschaft, ohne dass es dazu politischer Entscheidungen bedürfte.*

Solch ein dauerhaftes Schrumpfen der Weltwirtschaft über die mehr oder weniger regelmäßige Oszillation zwischen Boom und Bust hinaus ist in nachhaltig klimaschützendem Umfang in einem kapitalistischen System eher unwahrscheinlich. Einige populäre Autoren propagieren daher, dass mit dem Ende des Wachstums zwangsläufig auch das „Ende des Kapitalismus“, der „Systemsturz“, verbunden sein muss.[9]

Unabhängig von der Frage, ob der Kapitalismus aus Klimagründen zu einem Ende gebracht werden muss oder

---

* Ulrike Herrmann zeigte in der oben zitierten Diskussion mit Jens Spahn, dass jede der existierenden, als alternativ gepriesenen, „grünen“ oder auch „nichtgrünen“ Techniken (wie etwa Atomenergie) die Energiekosten gegenüber den fossilen und klimaschädlichen Energieformen sehr verteuert; daher würde es zwangsläufig, so Herrmann, zum Schrumpfen der Wirtschaft kommen. Dem konnte ihr Diskussionspartner nichts entgegensetzen.

von selbst verendet, und auch unabhängig von der Frage, ob es des Schrumpfens der Wirtschaft bedarf, um die Erderwärmung zu stoppen, ist festzuhalten, dass in jedem Fall eine Transformation der Wirtschaft und, damit verbunden, eine Veränderung der Lebensbedingungen der Bevölkerung kaum zu vermeiden sein dürfte. Dass es – wie generell bei Veränderungen, bei denen es Gewinner und Verlierer gibt – zu massivem Widerstand gegen den Wandel kommen wird, ist ziemlich wahrscheinlich. Die Traktoren wütender Bauern versperren in den Hauptstädten der EU-Länder und vor dem Sitz der EU-Behörden in Brüssel schon jetzt die Straßen, wenn Subventionen klimaschädlicher Treibstoffe gestrichen werden sollen. Gefordert wird lautstark und aggressiv die Rücknahme von Maßnahmen zum Schutz der Umwelt (woraufhin die verantwortlichen Politiker, scheinbar beschämt, zurückrudern und Besserung geloben, um sich so, meist etwas dilettantisch, als Bauernfänger zu versuchen).

Da das autonome Wirtschaftssystem selbst über keine zentralen Steuerungsinstanzen verfügt, die ein Schrumpfen oder auch nur eine Transformation der Wirtschaft beschließen könnten, sind systemintern innerhalb der kritischen Zeitspanne, in der das Überschreiten diverser „Kipppunkte" des Klimawandels noch verhindert werden könnte, keine relevanten Veränderungen zu erwarten. Sie wären nur durch die *externe* Begrenzung der Handlungsmöglichkeiten der Teilnehmer am Wirtschaftssystem zu erreichen, d.h. durch *politische* Entscheidungen: gesetzliche Vorschriften und Begrenzungen der Handlungsfreiheit, bürokratische Gebote und Verbote. Hier kommt die Kopplung des Funktionssystems Wirtschaft an das Funktionssystem Politik ins Spiel. Das politische System ist eine Umwelt der Wirtschaft und damit der wirtschaftlichen Akteure, die nicht einfach weggedacht werden kann (auch die Alpen sind schließlich nichts Besonderes, wenn man sich die Berge wegdenkt![10]). Ohne die entsprechenden politischen Entscheidungen ist ein Fortschreiten der Erderwärmung auf ein erträgliches Maß höchst unwahrscheinlich. 2023 war das heißeste Jahr, seit die Vergleichstemperaturen regelmäßig aufgezeichnet werden[11], und der März 2024 war der wärmste März in Deutschland, nachdem 18 Monate hintereinander die monatlichen Temperaturrekorde gebrochen wurden.[12] Und während dieser Text erstellt wird, ist in den Nachrichten schon zu hören, dass der April 2024 der wärmste April war. Es ist zu erwarten, dass dies auf die Folgemonate auch zutreffen wird. Im März 2024 wurde auch die höchste CO_2-Konzentration[13] in der Atmosphäre seit Beginn solcher Untersuchungen gemessen; 2024 wird voraussichtlich die 1,5 Grad-Schwelle überschritten.[14] Die aktuellen Vorhersagen erwarten einen Anstieg der Temperatur um 3,5 Grad. Dementsprechend stellen sich – ganz der Logik des Wirtschaftssystems folgend – die weltweit agierenden Versicherungsunternehmen bereits die Frage, wie und was sie unter diesen Bedingungen, die sie bereits als unvermeidlich betrachten, noch versichern können.*

---

* So Dr. David Stachon, der Vorstand eines Versicherungsunternehmens, auf einer SWF-Tagung, Berlin, 30.6.2023. Siehe auch https://www.munichre.com/de/risiken/klimawandel.html [02.05.2024].

Klimapolitik

Die Subsysteme der funktional differenzierten Gesellschaft sind autonom und gegeneinander abgegrenzt. Wie zwei unterschiedliche Gesellschaftsspiele mit unterschiedlichen Spielfeldern (z.B. Schach und Doppelkopf) überschneiden sie sich nicht. In ihnen gelten jeweils andere Spielregeln, und die Logik des Mitspielens, sowie des Gewinnens und Verlierens ist unterschiedlich. Dennoch funktionieren sie nicht total unabhängig voneinander, denn sie sind „strukturell gekoppelt".[15] Das bedeutet, dass sie sich gegenseitig durch ihre Entscheidungen irritieren und sich gegenseitig in ihren Handlungsmöglichkeiten begrenzen. Sie reagieren ihrer eigenen Struktur entsprechend und ihrer systemspezifischen Rationalität folgend („Systemrationalität"[16]) auf das, was in ihren Umwelten (anderen Funktionssystemen) geschieht. Das politische System ist in der Kopplung mit dem Wirtschaftssystem als höhere Macht in der Lage, kollektiv bindende Entscheidungen zu treffen und sie durchzusetzen.[17] Dadurch werden faktisch die Handlungsmöglichkeiten der Wirtschaft bzw. der wirtschaftlichen Akteure – seien es z.B. einzelne Bürger als Konsumenten oder Unternehmen als Produzenten – begrenzt oder erweitert. Das politische System kann der Wirtschaft daher auch in Bezug auf die Klimakrise Regeln, die den Spielraum, innerhalb dessen sie agieren muss/darf, vorgeben (z.B. den erlaubten Ausstoß von CO_2 begrenzen). Das Problem ist allerdings, dass die gegenwärtige politische

Weltordnung durch einen Flickenteppich autonomer Staaten gebildet wird. Daher sind solche bindenden politischen Entscheidungen in ihrer Wirksamkeit immer nur auf einzelne Staaten begrenzt. Das wird auch nicht durch internationale Verträge wie etwa das „Pariser Klimaabkommen“ verändert. Denn hier zeigt sich der Unterschied zwischen Unterschriften von Politikern, die auf internationalen Konferenzen geleistet werden, und der tatsächlichen Durchsetzung der dort beschlossenen Maßnahmen innerhalb eines konkreten Staats. Es gibt keine Weltregierung, die *weltweit* bindende Entscheidungen treffen bzw. – weit wichtiger – *durchsetzen* könnte. Daher funktionieren die Beziehungen zwischen Staaten bzw. Volkswirtschaften analog zu denen konkurrierender Unternehmen: Nur wenn die Durchsetzung klimaschonender Prozesse einen nationalen Wettbewerbsvorteil verspricht, werden sie implementiert – ungeachtet aller internationalen Verträge. Da die Staaten des globalen Südens einen eklatanten Nachholbedarf an industrieller Entwicklung reklamieren und daher das Recht niedrigerer Umweltstandards für ihre Wirtschaft beanspruchen, argumentieren die Staaten des Nordens, dass isolierte nationale Maßnahmen bezogen auf das globale Problem des Klimawandels keine ins Gewicht fallende Wirkung haben würden. Daher sei es nicht zu vertreten, das Wohl der eigenen Wirtschaft, das Überleben der heimischen Unternehmen und den Wohlstand der eigenen Bevölkerung zu riskieren. Hinzu kommt, dass nationale Regelungen auch dadurch nur eine begrenzte Wirkung entfalten, dass die großen internationalen Konzerne bereits *lateral*, d.h. quer zu den Grenzen von Staaten, organisiert sind, und sich nicht nur die Standorte für ihre Unternehmen aussuchen können, wo sie steuerlich am wenigsten belastet und die Lohnkosten am niedrigsten sind, sondern auch, wo sie am wenigsten durch Umweltauflagen in ihrer Entscheidungsfreiheit eingeschränkt sind.

Ein zweites Problem entsteht dadurch, dass – im Unterschied zur Konfrontation durch einen äußeren Feind, der das eigene Land überfällt (Beispiel Russland/Ukraine) die Gefahren des Klimawandels nur schleichend größer werden. Wissenschaftler warnen seit ca. 50 Jahren davor, beschwören die „Grenzen des Wachstums“[18] und weisen spätestens seit den 80er-Jahren des vorigen Jahrhunderts auf die fortschreitende Erderwärmung hin. Aber im Alltag des Durchschnittsbürgers ist dies kaum zu erleben: Die gefühlten Temperaturen waren schon immer wetterwendisch. Selbst wenn die Fernsehnachrichten von Waldbränden und Dürrekatastrophen in den unterschiedlichsten Gegenden der Welt in immer kürzeren Abständen berichten, und Hochwasser aufgrund früher ungekannter Starkregenfälle auftreten, so bleibt die Gefahr abstrakt. Denn Einzelereignisse, die sich nicht regelhaft und berechenbar wiederholen, werden als „Ausreißer“ in einer sonst scheinbar wie immer funktionierenden, „normalen“ Welt bewertet. So sprechen Fachleute z.B. von „Hochwasserdemenz“, um mit diesem drastischen Begriff zu beschreiben, dass auch dramatische Überflutungen der Landschaft schnell wieder vergessen werden, wenn das Wasser abgeflossen ist.

Auch das Ansteigen des Meeresspiegels ist kaum wahrzunehmen, wenn es sich um lediglich 3,4 Millimeter pro Jahr handelt. Auf lange Sicht ist das zwar relevant, vor allem, wenn dann einmal das Abschmelzen des Grönlandeises zu einem Ansteigen des Meeresspiegels um 7 Meter führen dürfte.[19] Aber bis dahin scheint man ihn vernachlässigen zu können. Und wer bemerkt schon, dass im Jahr 2024 bereits die im Pariser Klimaabkommen beschlossene Zielmarke der Begrenzung der Erderwärmung auf 1,5 Grad gerissen wird. Auch Frösche, die – in heißes Wasser gesetzt – sofort hinausspringen, verharren in kaltem Wasser, das langsam erhitzt wird, angeblich zu lange und zerkochen. Schleichende Veränderungen machen für den Beobachter keinen Unterschied, der einen Unterschied macht, das heißt, sie sind kaum oder gar nicht wahrnehmbar und treten nicht ins Bewusstsein, gewinnen keinen Informationswert.

In der Corona-Krise und den damals als notwendig erachteten, weitgehend von der Bevölkerung akzeptierten, einschneidenden und die Freiheitsrechte der Bürger einschränkenden Maßnahmen wie Lockdown, Maskenpflicht usw. waren auch die Viren „unsichtbare Feinde“, gegen die vereint gekämpft werden musste. Aber die Bilder von überfüllten Leichenhäusern und Kühlwagen, in denen etwa in New York die sterblichen Überreste der an Covid Verstorbenen gelagert werden mussten, die Prozession der Lastwagen mit Leichen in Bergamo wie auch die Klagen von Ärzten der Intensivstationen über die vielen Patienten, die ihnen unter den Händen wegstarben, machten die Gefahr, in der jeder Einzelne sich befand, konkret spürbar und assoziierten sie mit erschreckenden Bildern. Obwohl es auch hier hinreichend Zweifler an den Aussagen von Wissenschaftlern und der Existenz einer Notlage des Gesundheitssystems gab („Querdenker", Verschwörungsmythologen usw.), war der Widerstand gegen die kollektiv bindenden Entscheidungen der Regierungen weltweit relativ gering, unabhängig davon, ob es sich um eine westlich orientierte Demokratie oder ein autoritäres Regime handelte (obwohl es dort sicher schwieriger war, seinen Widerstand zu artikulieren und zu demonstrieren).

All die Phänomene, die aus wissenschaftlicher Sicht die Erderwärmungstendenz in ihrer Dramatik bestätigen, erlangen politisch immer noch kaum Relevanz, da die Risiken abstrakt bleiben. Politische Akteure finden daher breite – abstrakte – Zustimmung, wenn es um die allgemeine Deklaration der Wichtigkeit des Schutzes vor der drohenden Katastrophe geht. Aber sobald konkrete Maßnahmen ergriffen werden sollen (Beispiele: Steigerung des Benzinpreises durch Erhöhung des CO_2-Preises, Gebäudeenergiegesetz aka „Heizungshammer", Tempolimit auf Autobahnen, Subventionsstreichung für fossile Brennstoffe, „Verbot" von Fahrzeugen mit Verbrenner-Motoren), kommt es zur Empörung nicht nur derer, die unmittelbar davon betroffen sind (wie etwa Hausbesitzern, die eine Wärmepumpe einbauen sollen), sondern zu politischen Gegenbewegungen, wütenden Protesten und Demonstrationen, bei denen Politiker symbolisch am Galgen aufgeknüpft werden.

Die Reaktionen auf solche, die erlebte Lebensqualität der Bevölkerung infrage stellenden Gesetze (bzw. Gesetzesvorlagen, da sie meist Schwierigkeiten haben, in Parlamenten Mehrheiten zu gewinnen) sind von starken, negativen Affekten begleitet und gesteuert (z. B. die regelmäßigen „Gelbwesten"-Proteste in Frankreich, die Bauernproteste nach Kürzung der Dieselsubventionen in Deutschland 2023 oder tsunamiartige Shitstorms und Hasstiraden gegen „grüne" Politiker im Internet).

Die politische Situation in den etablierten westlichen Demokratien scheint hoffnungslos, was die Durchsetzung umweltpolitischer Maßnahmen betrifft.* Insofern ist Helmut Willke zuzustimmen, wenn er schreibt:

„Selbst in den entwickelten Demokratien quälen sich die nationalen Umweltpolitiken von Niederlage zu Niederlage. Sie folgen dem Erfahrungssatz, dass Demokratien nur zu Reformen finden, wenn Krisen sie dazu zwingen. Dies folgt aus dem in Demokratien eingebauten Modus des inkrementalen, langsamen Lernens. [...] In der Gegenwart, unter Bedingungen eines mehrdimensionalen disruptiven Wandels, laufen Demokratien den Entwicklungen hinterher und werden von den globalen Großproblemen, wie Klimawandel, Pandemien, Populismus und einer neuen Weltordnung überrollt. Nach außen verlieren sie gegenüber autoritären Systemen und Diktatoren an Boden, und nach

* So erklärte Jens Spahn während der schon mehrfach zitierten Diskussion mit Ulrike Herrmann, dass Maßnahmen, die von der Bevölkerung einen Verzicht verlangen, „politisch nicht durchsetzbar" seien.

innen kämpfen sie gegen Politikverdruss, Desinteresse und Verschwörungsmythen."[20]

So ist es nicht verwunderlich, dass nahezu alle Parteien außer denen, deren Identität (Existenzgrund/Gründungsidee) ganz explizit an den Umweltschutz gebunden ist (hier „grüne Parteien" genannt), mit populistischen Parolen diese grünen Parteien zum internen Feind erklären. Sie werden dabei durch Teile einer Presse unterstützt, die oft von spezifischen Klientelinteressen geleitet agitiert. Was beide methodisch verbindet: Der Kampf gegen die Klimaerwärmung wird, sobald er zu konkreten Vorschlägen einer geänderten Politik führen könnte, zur *Ideologie* erklärt und eine Hetzkampagne dagegen gestartet. So wird schließlich der aggressive Widerstand *gegen* den Klimaschutz zum Kulturkampf hochgejazzt, bei dem die naturwissenschaftlichen Fakten keine Rolle mehr spielen oder bestritten werden. Solche Mechanismen der Verleugnung sind in dem Netflix-Film „Don't look up!"[21] in dramatisierter Weise dargestellt: Ein Komet rast auf die Erde zu und bedroht das Überleben auf der Erde; dies wird öffentlich bekannt, in den Medien diskutiert, und schließlich gehen alle zur Tagesordnung über. Man *schaut einfach nicht mehr hin*, sodass auch nichts getan werden muss und nichts getan wird, um das kommende Unheil abzuwenden.

Die Etablierung eines internen Feindes ist eine klassische populistische Strategie, und sie wird nun von nahezu *allen* (nicht-grünen) Parteien angewandt, die um die Macht konkurrieren. Dies führt de facto zur Disqualifizierung aller Programme und Proponenten des Klimaschutzes.

Solange die grünen Parteien in der Opposition sind, entwickelt sich aus dieser Freund-Feind-Unterscheidung kein strukturelles Problem für den Staat, da dies ja generell eine der Leitunterscheidungen des politischen Systems[22] ist. Eine Oppositionspartei stellt z. B. Forderungen nach einem Tempolimit auf Autobahnen, andere Oppositionsparteien fordern Gasimporte aus Russland usw. – und die Regierung legt ihre Wünsche dem Parlament vor, das über sie debattiert und entscheidet. Alles im Rahmen der gegebenen demokratischen Spielregeln.

Ganz anders stellt sich die Lage dar, wenn eine *Regierungspartei* solch grüne Ideen zur Grundlage von Gesetzesvorlagen zu machen versucht. Der Konflikt um solche Konzepte und Maßnahmen besteht dann nicht mehr auf der symmetrischen Ebene zwischen miteinander konkurrierenden Parteien, sondern er verschiebt sich auf eine asymmetrische Ebene zwischen Regierung und Regierten, zwischen „denen da oben" und „denen da unten", d. h. dem Wahlvolk, dem ein Wohlstandsverlust oder zumindest ein Verzicht auf Wohlstandszuwachs „aufgezwungen" werden soll. Die Unzufriedenheit führt dann im Extremfall nicht nur zur Abwahl der Regierung, sondern zur Infragestellung des politischen Systems, das diese Regierung (die „Eliten") an die Macht gebracht hat. So kann sich aus einer Regierungskrise eine Staatskrise entwickeln.

Attraktion und Funktionalität autoritärer Herrschaft

Die Klimakrise ist nur eine von vielen Bedrohungen des Wohlstands westlicher Demokratien und Herausforderungen der Gegenwartspolitik: In Europa und im Nahen Osten finden – erschreckend nah – Kriege statt; deregulierte Märkte werden in ihren Wechselbeziehungen – wie die Finanzkrise 2007/2008 zeigte – immer unberechenbarer; die bislang als selbstverständlich erachteten Lieferketten der globalen Wirtschaft, speziell der Versorgung mit Energie, sind seit diversen Kriegen und der Corona-Pandemie nicht mehr sicher; die Preise für Nahrungsmittel und Konsumgüter aller Art steigen inflationär; höhere Hypothekenzinsen sorgen dafür, dass die Hoffnung auf das „Glück im eigenen Heim" in weite Ferne rückt; das geliebte Auto mit Verbrennermotor soll verboten werden; die Struktur des Handels verändert sich durch Online-Shops radikal; Kaufhäuser gehen reihenweise pleite, wodurch die Innenstädte veröden; die Massenmedien haben durch die sogenannten sozialen Medien eine chaotische und mehr oder weniger anarchistische Konkurrenz erhalten, wodurch radikalisierte Stammtischdiskurse eine unverdiente Reichweite erhalten und es immer schwerer wird, eine mehrheitlich geteilte Beschreibung und Bewertung der aktuellen Weltlage zu erhalten; Verschwörungserzählungen werden seit der Coronapandemie von Wissenschaftsskeptikern weltweit verbreitet; die technische Entwicklung, vor allem die der künstlichen Intelligenz, hat ein rasantes Tempo entwickelt und mit ihr die Möglichkeit, „Fakes“ aller Art – geschriebene Texte und Dokumente, gesprochene Sprache wie auch Bilder und Filme – in einer Weise zu produzieren, dass die alte Gewissheit „seeing is believing“ nicht mehr gilt und man nunmehr weder seinen Augen noch seinen Ohren trauen kann. Seit dem vermeintlichen „Ende der Geschichte“ mit der Auflösung des sowjetischen Imperiums und der damit verbundenen Orientierung an einer eindeutig erscheinenden Ost-West- bzw. Kommunismus-Kapitalismus-Unterscheidung ist die weltpolitische Entweder-oder-Orientierung verloren gegangen. Nicht einmal solch vermeintliche Sicherheiten wie der Unterschied zwischen den Geschlechtern scheinen mehr verlässlich: Es gibt auf einmal mehr als nur zwei Geschlechter, Männer, Frauen und alles Mögliche dazwischen und darüber hinaus. Das findet seinen Niederschlag in sozialen Forderungen nach einem neuen Sprachgebrauch, und die Forderung „zu gendern“ löst wütende Streitigkeiten aus, die – nüchtern betrachtet – kaum dem Anlass entsprechend zu sein scheinen und zum Inhalt ideologischer Spaltungen der Gesellschaft werden. Und last, but not least: Hunderttausende von Migranten aus dem globalen Süden kommen in den globalen Norden, da der Unterschied der Lebensverhältnisse offensichtlich ist und sich das Risiko des langen und gefährlichen Wegs ins wirtschaftlich vermeintliche Paradies zu lohnen scheint.

Dieser Katalog von aktuellen gesellschaftlichen Veränderungen und Konfliktthemen ließe sich sicher noch erweitern. Was alle miteinander verbindet, ist der soziale Effekt: Es entsteht *Unsicherheit* darüber, was wer von seinen Mitmenschen, sich selbst und der Gesellschaft insgesamt *erwarten kann* und was von ihm oder ihr *erwartet wird.*

Die soziologische Systemtheorie erklärt die Entstehung kultureller Strukturen und ihre Stabilisierung damit, dass *Erwartungserwartungen*[23] reproduziert werden. Das bedeutet: Die skizzierte allgemeine Erwartungs-Unsicherheit bzw. – genauer gesagt – *Erwartungserwartungs-Unsicherheit* hat zur Folge, dass die gesellschaftlichen Strukturen ihre Stabilität und Zuverlässigkeit verlieren. Es wird zunehmend unklar, in welche Richtung sich die Gesellschaft entwickelt. Nicht nur die Weltgesellschaft wird immer komplexer, sondern – weit relevanter und konkreter – der Alltag des sprichwörtlichen „Bürgers im Lande“ in den unterschiedlichen nationalen Gesellschaften. Das Gefühl der Berechenbarkeit und Vorhersehbarkeit gesellschaftlicher Entwicklungen (das immer schon trügerisch war) geht dem Einzelnen nunmehr vollkommen verloren, und damit die Hoffnung auf Kontrolle und Planbarkeit des eigenen Lebens. Das ist für die meisten Menschen mit dem Aufkommen von Ängsten verbunden. Die Zukunft (= gegenwärtige Zukunft) verschwindet im Nebel der vielfältigen Möglichkeiten und verliert ihre Konturen, der Boden unter den Füßen scheint nicht mehr sicher.

Mit der zunehmenden oder vielleicht auch nur mehr ins Bewusstsein tretenden Komplexität ist auch das politische System konfrontiert, und es reagiert darauf …

Wenn man im politischen System zwischen seinen Organisationen wie Parteien, dem Parlament, der Regierung und ihren Ministerien einerseits und dem Wahlvolk und der Öffentlichkeit andererseits unterscheidet, so haben wir es mit zwei Formen sozialer Systeme zu tun, die einer unterschiedlichen Rationalität des Entscheidens folgen: einer *Masse* (dem Wahlvolk) auf der einen Seite und diversen *Organisationen* auf der anderen Seite. Der Umgang mit Unsicherheit ist in diesen Sozialformen unterschiedlich. Ein Charakteristikum von Organisationen besteht darin, dass sie über konkrete Regeln der „Unsicherheitsabsorption“ verfügen. Sie versorgen ihre Mitglieder mit Selektionskriterien für die von ihnen bzw. ihrer institutionellen Rolle geforderten Entscheidungen, genannt „Entscheidungsprämissen“[24]. Die Prozessmuster organisationaler Entscheidungsfindung werden durch die skizzierte Steigerung der allgemeinen Unsicherheit nicht nur nicht infrage gestellt, sondern sie gewinnen besondere Bedeutung. Denn organisationale Entscheidungen – und damit die Entscheidungen der politischen Akteure, speziell von Parlament und Regierung – entscheiden sich ja, wie bereits dargestellt, stets für eine vermutete Zukunft (gegenwärtige Zukunft[25]). Erst die tatsächliche Zukunft wird erweisen, ob solche Entscheidungen „richtig“ oder zumindest „nützlich“ waren oder „falsch“, „nicht nützlich“ oder gar „fatal“.

Angesichts der Komplexität der Wirkzusammenhänge multipler Krisen, von denen die Klimakrise nur eine ist, sind die unterschiedlichen Organisationen des politischen Systems, soweit sie für die Lösung von Problemen zuständig sind, mit einer Vielzahl von Zielkonflikten und „pragmatischen Paradoxien“[26] konfrontiert: Maßnahmen, die zur

Bewältigung der einen Krise notwendig sind, sind für eine andere fatal. Eine Folge ist, dass die von demokratisch gewählten Regierungen bzw. ihren Organen getroffenen Entscheidungen widersprüchlich sind oder erscheinen (was besonders in Koalitionsregierungen zu beobachten ist). Zielkonflikte werden nicht entschieden, sondern entfaltet und in widersprüchliche Aktionen umgesetzt. Flapsig ausgedrückt: Was mit den Händen aufgebaut wird, wird ganz schnell mit dem Hintern wieder umgestoßen. Die *Unentschiedenheit* wird auf Dauer gestellt, und damit auch die Unsicherheit im *Erleben* des Wahlvolks.

In dieser Situation kann das Konzept der Unsicherheitsabsorption, das ursprünglich einmal zur Erklärung des Funktionierens von Organisationen entwickelt wurde, über ihren Bereich hinaus generalisiert werden, ja, es „verlangt dies geradezu“[27].

Ein wesentlicher Mechanismus besteht darin, Autorität(en) und Muster autoritärer Kommunikation zu kreieren, deren Entscheidungen als *bindend* akzeptiert werden. Das Ergebnis eines Kommunikationsprozesses wird auf diese Weise nicht mehr hinterfragt, sondern als Grundlage für weitere Entscheidungen genommen. In diesem Fall kann man davon sprechen, dass Autorität „im traditionellen Sinne“ wirksam wird, aus welchen Motiven auch immer: „Es kann sich um vergangene Bewährung handeln, aber auch um die Trägheit dessen, der sich auf Autorität verlässt, um sein Desinteresse oder auch um mangelnden Mut oder mangelnde Fähigkeit, eine Rückfrage angemessen zu formulieren. Autorität lebt von einer derart diffusen Motivlage, sie verträgt keine allzu scharfe Beleuchtung“[28].

Wenn man aus sozialpsychologischer Perspektive auf die Motive für die Akzeptanz äußerer Autoritäten schaut, so gelangt man zunächst zu den Spielregeln sozialer Systeme, denen man sich fügt, wenn man z. B. eine Stelle in einer Organisation mit ihren hierarchischen Strukturen antritt. Es gehört dort eben zu den Spielregeln, dass man sich innerhalb derartiger Systeme an Weisungen und Gebote von „Vorgesetzten“ als Entscheidungsprämissen zu halten hat. Man verpflichtet sich, sie zu akzeptieren, wenn man seinen Arbeitsvertrag unterschreibt. Psychologisch hat die Unterwerfung unter derartige Autoritäten eine individuell wie kollektiv ökonomisierende Funktion: Es muss nicht jeder Einzelne alles entscheiden, und er kann seine Verantwortung und damit das Risiko, das mit jedem Entscheiden verbunden ist, als begrenzt erleben, sich von Verantwortung entlasten und sie gegebenenfalls „nach oben“ delegieren.

Doch dies bedeutet nicht, dass breite Kreise der Bevölkerung auch auf politischer Ebene ihr Heil in der Unterwerfung unter fremde Autoritäten suchen müssten. Hier kann die Deutung Erich Fromms eine plausible Hypothese liefern. Er sieht als sozialpsychologische Voraussetzung für die „Furcht vor der Freiheit“ die massenweise erlebten Gefühle der Ohnmacht, der Isolation und Vereinzelung, der Kleinheit des eigenen Selbst; und die „Flucht ins Autoritäre“ scheint in dieser Situation eine Lösung anzubieten. Es „ist der Versuch, Teil eines größeren Selbst und mächtigeren Selbst zu werden, darin unterzutauchen und daran teilzuhaben. Diese Macht kann eine Person, eine Institution, Gott, die Nation, das Gewissen oder ein psychischer Zwang sein. Indem man zum Bestandteil einer Macht wird, die man als unerschütterlich stark, ewig und bezaubernd empfindet, hat man auch teil an ihrer Stärke und Herrlichkeit. Man liefert ihr sein Selbst aus und verzichtet auf alles, was an Kraft und Stolz damit zusammenhängt, man verliert seine Integrität als Individuum und verzichtet auf seine Freiheit. Aber man gewinnt dafür neue Sicherheit und einen neuen Stolz durch Teilhabe an der Macht, in der man aufgeht. Außerdem gewinnt man Sicherheit gegenüber qualenden Zweifeln"[29].

Die Attraktion der Unterwerfung unter eine äußere Autorität besteht für breite Kreise der Bevölkerung also wahrscheinlich gerade darin, dass sie sich nicht der Mühe der eigenen Komplexitätsreduktion, der individuellen Meinungsbildung in einer unübersichtlichen und potenziell bedrohlichen Weltlage, der Entscheidungsfindung und der Verantwortungsübernahme unterziehen muss.

Wie immer die individuelle Psychodynamik des einzelnen Bürgers eines Staates nun auch sein mag, angesichts vielfältiger Krisen und Zielkonflikte seiner Einwohner, Familien, Organisationen usw. erscheint es Aufgabe des Staats zu sein, eine steuernde Funktion zu übernehmen. Und damit übernimmt er – wenn man den Überlegungen Fromms folgen darf – eine psychisch stabilisierende Funktion für seine Bürger, die von ihnen dankbar angenommen wird. Zu derartigen Steuerungsfunktionen des Staats schreibt Helmut Willke aus einer systemtheoretischen Perspektive:

„Alles, was wir bisher über Demokratie und Hierarchie als Großmodelle der Steuerung komplexer Systeme gehört haben, führt zu dem Schluss, dass dieser Hintergrund nichts anderes ist als *die dominante Perzeption der dominanten Aufgabe, um deren Lösung es im Systemkontext geht.* Wird die Aufgabe definiert als Zähmung der Bestie Mensch, als Zähmung einer widerspenstigen Natur durch technische Großprojekte, als arbeitsteilige und effiziente Lösung kollektiver Probleme der Erzeugung klar definierter öffentlicher oder privater Güter in überschaubaren und berechenbaren Kontexten, so spricht alles für das Steuerungsmodell der Hierarchie“[30].

Nun sind die Probleme, die durch den Klimawandel erzeugt werden, sicher nicht überschaubar und ihre Lösungen nicht berechenbar, aber die Suggestion der Klarheit und Einfachheit kann von politischen Akteuren genutzt werden, um die „Bestie“ nicht etwa des Klimawandels, sondern jener als „grüne Spinner“ und „Ideologen“ verunglimpften Akteure, die ohne radikale Transformation den unabdingbaren Weltuntergang prophezeien, zu zähmen, indem dazu autoritäre Strukturen des Staates als geeignetes Mittel promotet werden.

Hier kommt es also zur Kollusion psychischer Bedürfnisse verunsicherter Bürger und autoritärer politischer Bewegungen oder Parteien. Doch weder die Angst vor einer ungewissen Zukunft noch die Hoffnung, sich auf Autoritäten verlassen zu können (bzw. die wahrscheinliche Enttäuschung dieser Hoffnung durch die jeweils aktuelle Regierung), reichen in der Regel aus, um in einem Staat autoritäre Strukturen zu etablieren. Das Wahlvolk ist ja sehr uneinheitlich in seinen Bedürfnissen, Wünschen, Weltsichten und Zielen – eine Gemengelage, die sich bei der sogenannten Sonntagsfrage („Wenn am Sonntag Wahl wäre, welche Partei würden Sie wählen?") und alle paar Jahre bei den tatsächlichen Wahlen zeigt. Um diese Differenzierung politisch irrelevant zu machen, bedarf es eines integrativen Faktors, der die unterschiedlichen Wirklichkeitskonstruktionen, Werte und Interessen der Menge autonomer Einzelner vorübergehend irrelevant erscheinen lässt: Es ist die Konstruktion eines gemeinsamen Gegners oder Feinds. Man könnte sich zwar nie darauf einigen, welche konkreten Ziele mit welchen konkreten Maßnahmen gesellschaftlich anzustreben sind, aber man kann sich relativ schnell und einfach darüber verständigen, wen oder was man *nicht* will und was verhindert werden muss.[31]

In Zeiten großer Unsicherheit und der emotional erlebten Bedrohung durch irgendwelche „Feinde" (sei es ein Virus, ein kriegerischer Nachbarstaat, eine „Flut" von Migranten oder auch eine vermutete „Ideologie") kann es zur vorübergehenden *Massenbildung* kommen, d.h. zur Koordination, Gleichschaltung und Entdifferenzierung der affektiven Reaktionen und der kognitiven Schemata einer Vielzahl von Individuen.[32] Solch eine Entdifferenzierung und Entindividualisierung des Denkens und Fühlens großer Mengen von Menschen, wie sie für die temporäre Bildung von Massen charakteristisch ist, bedarf bestimmter Umstände. Unsicherheit und kollektive Suche nach Orientierung ist einer der Faktoren. Ein zweiter ist das Gefühl der akuten Bedrohung und kollektive Angst.

Wenn Teile der Gesellschaft ihre radikale Transformation fordern und damit den gesellschaftlichen und wirtschaftlichen Status quo zu bedrohen scheinen, bieten sich diese Leute (beispielsweise „Grüne") als Feind oder Gegner an. Darüber, dass man – um wieder die Maßnahmen des Klimaschutzes in den Fokus zu nehmen – keine weitere Erderwärmung will, ist leicht ein Konsens zu erzielen. Aber sobald es konkret wird, die dazu nötigen Maßnahmen in Angriff genommen werden und dies mit der Zumutung des Wohlstandsverlustes für breitere Teile der Bevölkerung verbunden sein könnte, kommt es nicht nur *nicht* zum Konsens darüber, was zu tun ist, sondern es bildet sich ein breiter Konsens *gegen* ... (was auch immer geplant sein mag). Es kommt zur Massenbildung derer, die ihren Widerstand artikulieren und auf die Straße tragen. Was sie vereint, ist nicht die allgemeine Sicht auf die Welt oder eine Ideologie, sondern das Gefühl der Bedrohung, des Sich-wehren-Müssens.

Angesichts der Vielzahl von Krisen und der mit ihnen verbundenen pragmatischen Paradoxien, bei denen ein Schritt zur Lösung des einen Problems dazu führt, dass sich ein anderes Problem verstärkt, bedürfte es eigentlich eines hohen Maßes an *Ambiguitätstoleranz*, um den Staat durch die Klippen der Widersprüche zu navigieren. Doch das politische System folgt der zweiwertigen Schwarz-weiß- bzw. Freund-Feind-Logik. Es bietet sich daher für die politischen

Akteure an, die Komplexität der diversen Krisen zu reduzieren, indem dem Wahlvolk einfache Erklärungen präsentiert werden, aus denen sich einfache Lösungen ableiten lassen. Da abstrakte Gefahren nicht zur Mobilisierung breiter Kreise der Bevölkerung taugen, weil sie ein hohes Maß an Vorstellungskraft erfordern, muss dazu ein konkreter Feind gewählt werden, der in das Schema einer schlichten Innen-außen-Unterscheidung passt. Die Migrationskrise und die große Zahl von Migranten ermöglicht es, die undurchschaubaren Wechselbeziehungen zwischen den kausalen Faktoren der unterschiedlichen Krisen auf eine zentrale Ursache zu reduzieren, zu konkretisieren und zu personalisieren: Es sind die Migranten, welche die allgemein erlebte Unsicherheit verursachen („Man kann nachts nicht mehr auf die Straße gehen" usw.). Die Innen-außen-Unterscheidung wird inhaltlich gefüllt: Auf der Innenseite sind „wir", auf der Außenseite „andere", „Fremde". Dass sich für diese Rolle der Nicht-Zugehörigen Migranten besonders gut eignen, liegt daran, dass sie oft schon äußerlich erkennbar sind: Hautfarbe, Haarfarbe, Verstöße gegen kulturell bestimmte Verhaltenserwartungen usw.

Migranten liefern daher, was *jede* populistische Strategie braucht: einen internen Feind, der idealerweise einen äußeren Feind repräsentiert. Wenn also eine amtierende Regierung „nicht genug" gegen die Migration unternimmt, so kann auch sie als Komplize oder qua Identifikation direkt als interner „Feind des Volkes" gebrandmarkt werden. Und die Lösung dieses künstlich isolierten „Problems" liegt auf der

Hand: Gegen die weiter drohende – und durch die zunehmende Unbewohnbarkeit von Territorien auf der Südhalbkugel unvermeidlich steigende – Immigration von außen müssen Mauern gebaut werden (hat sich ja seit dem Mittelalter bewährt) und die „Fremden", die schon da sind, muss man deportieren (euphemistisch formuliert: „nach Hause schicken", „Remigration", auch wenn sie hier geboren sind und ihr vermeintliches Zuhause nie gesehen haben).

Wenn eine amtierende Regierung auch noch einer „grünen Ideologie" zu folgen scheint und dem Wahlvolk Wohlstandsverluste zumutet, so hat ihre letzte Stunde geschlagen. Wer reformiert, krepiert: Populisten gewinnen bei Wahlen die Mehrheit und übernehmen die Macht im Staat. Da sie in der Regel den Klimawandel leugnen, brauchen sie keine Konzepte für dessen Bekämpfung zu präsentieren, sondern, ganz im Gegenteil: Ihr Wahlversprechen ist, dass alles so bleiben kann, wie es ist, oder wieder so wird, wie es vermeintlich früher einmal war.

Wenn Populisten Wahlen gewinnen, bilden sie erfahrungsgemäß autoritative Regimes, welche – wenn sie nicht gleich kurzen Prozess mit ihren Gegnern machen – die neugewonnene Macht, die dem Staat gegeben ist, nutzen, um „ihre Leute" in formale Machtpositionen zu bringen und diese für ihre eigenen Zwecke auszubeuten. Sie bauen den Staat und seine Organe in einer Weise um, dass die Wahrscheinlichkeit, die Macht wieder abgeben zu müssen, verringert wird (Beispiele: die PiS-Partei in Polen, Viktor Orbáns Fidesz-Partei in Ungarn;[33] dass die PiS-Regierung schließlich doch abgewählt wurde, gibt Hoffnung und verweist darauf, dass der Prozess der Machtsicherung handwerklich noch nicht vollkommen war). Es beginnt bei der Entmachtung der freien Presse durch Enteignung, Zensur und parteikonforme Besetzung von Führungsposten. Gleichzeitig stellen sie die Gewaltenteilung in Frage, indem sie die Unabhängigkeit des Rechtssystems beenden – formal und/oder durch die Berufung eigener Parteigänger in hohe Ämter des Justizapparats. Auch die Unabhängigkeit der Wissenschaft wird systematisch beschnitten. Was nicht in Frage gestellt wird, ist das staatliche Gewaltmonopol, da man jetzt ja als Inhaber der staatlichen Macht darüber verfügt und Polizei wie Militär im Sinne der eigenen Ziele nutzen kann.

Im Blick auf die Erderwärmung sind von autoritären Regierungen keine revolutionären Veränderungen zu erwarten. Sie sichern ihre Macht zwar durch Veränderungen des Wahlrechts, aber die Unzufriedenheit der Bevölkerung ist nicht in ihrem Interesse. Falls Vorgängerregierungen irgendwelche gesetzlichen Einschränkungen wirtschaftlicher Aktivitäten zum Zwecke des Umweltschutzes haben durchsetzen können, so werden sie wieder aufgehoben. Da dies das offene oder verdeckte Versprechen an „die" Wirtschaft war, haben Unternehmen (vor allem der Fossil-Industrie) durch großzügige finanzielle Unterstützung einen großen Anteil am Erfolg anti-grüner, populistischer Parteien (vor allem, wenn sie gleichzeitig in Medienunternehmen investiert haben). Was die Masse der unterschiedlichen Individuen trotz ihrer unterschiedlichen Interessen verbindet, ist ein verstärkter

Nationalismus. Hier zeigt sich die Wiederholung eines sozialpsychologischen Musters der Nazi-Zeit, das Hannah Arendt folgendermaßen beschreibt:

„Das Hauptmerkmal der Individuen in einer Massengesellschaft ist nicht Brutalität oder Dummheit oder Unbildung, sondern Kontaktlosigkeit und Entwurzelung. Insofern sie noch herkunfts- und erinnerungsmäßig stark genug mit der Klassengesellschaft des Nationalstaats verbunden waren, um nach den dort gemachten Erfahrungen ihr neues Leben einzurichten, verfielen sie einem besonders fanatischen und chauvinistischen Nationalismus, da ja der Nationalismus das Verbindungsmittel gewesen war, welches die Nation über alle Klassengegensätze hinweg zu einigen hatte“[34].

Es sind aber nicht nur Klassengegensätze, die durch Nationalismus überwunden werden können. Denn auch in Zeiten des bedrohlichen Klimawandels ist der Rückgriff – ein regressives Phänomen – auf nationalistische Muster der (Schein-)Problemlösung zu beobachten. Eigentlich müsste jeder wissen, dass die Erderwärmung nationale Grenzen nicht respektiert und diese Krise internationaler Lösungen bedarf; einzelne Staaten verfügen über keine Optionen, sie isoliert zu bewältigen. Bezogen auf die Notwendigkeiten zur Bekämpfung des Anstiegs der CO_2-Emission zeigt sich, dass auch nach den skizzierten, für die westlichen Demokratien erdbebenartigen Erschütterungen die Erderwärmung ungebremst weitergehen wird, da von westlichen autoritären Regimes, die durch die Lobby der Fossil-Industrie an die

Macht gebracht werden*, keine radikalen Veränderungen zu erwarten sind (ganz im Gegenteil: Siehe exemplarisch dafür die Liberalisierung der Abholzung des Amazonas-Regenwaldes unter dem populistischen brasilianischen Präsidenten Bolsonaro)[35].

Wenn die bislang demokratischen Staaten sich zu autoritären Systemen wandeln, so wird damit aber lediglich die Zahl dieser Art von Regimen erhöht, denn Demokratien waren weltweit vorher schon in der Minderheit, und sie verschwinden nun wahrscheinlich ganz. Die von manchen Historikern (aber auch von Verfassungsrechtlern**) vertretene These, dass es Demokratien nur während eines kurzen Abschnitts der Menschheitsgeschichte gegeben haben wird, scheint sich zu bestätigen. Und das ist – aus der Außenperspektive und einer systemtheoretischen Perspektive – deswegen verwunderlich, weil autoritäre Systeme nicht sonderlich intelligent sind, wenn es um intelligente Lösungen für Probleme geht, für die es noch keine etablierten Lösungsverfahren gibt und Flexibilität sowie Kreativität erforderlich wären.

---

* So schätzt David Axelrod, ehemaliger Berater des US-Präsidenten Obama, dass das Verhältnis der Lobbyisten, die gegen Klimaschutzmaßnahmen agitieren, zu denen, die für den Klimaschutz arbeiten, 27:1 ist (geäußert in der Sendung „State of the Union“, CNN, 24.12.2023).

** In diesem Sinne äußerte sich z. B. der ehemalige Präsident des Bundesverfassungsgerichts, Andreas Voßkule (https://www.bild.de/politik/inland/politik81inland/andreas-vosskuhle-demokratie-nur-phase-unserer-geschichte-86564502.bild.html [28.02.2024].

Wie im Wilden Westen: Eine Phase des Chaos

Wenn kritische Schwellenwerte erst einmal überschritten sind und sich die Veränderungen des Klimas nicht mehr rückgängig machen lassen, können ihre makroskopischen Effekte auch nicht mehr ignoriert werden. Wann das der Fall sein wird, ist noch offen, aber Ende dieses Jahrhunderts ist wahrscheinlich – wenn nichts passiert – ein ganz guter Tipp.

Die Tatsache, dass durch den nunmehr nicht mehr zu leugnenden Klimawandel bzw. durch dessen Folgen jeder Einzelne sich und seine Familie als bedroht erlebt und – wenn nicht der Staat aktiv wird – individuell versucht, sich und die Seinen „zu retten", ist mit dem Risiko verbunden, dass sich anarchische Wild-West-Verhältnisse entwickeln, in denen jeder gegen jeden ums Überleben kämpft. Sich dies auszumalen, ist nicht schwer:

Die sogenannten Extremwetterlagen werden der neue Normalzustand sein, die Dürre wird dann in manchen früher fruchtbaren Weltgegenden dauerhaft bestehen,[36] eine Milliarde Menschen wird – nachdem die Politiker, die jahrzehntelang nichts gegen den Klimawandel getan haben, gelyncht worden sind – in klimatisch mit dem Überleben noch vereinbare Landstriche zu fliehen versuchen. Die Strategie des Baus von Deichen gegen die „Migrationsflut" wird versagen.* Sie

---

* Diese Zahl von Umweltflüchtlingen ist nach Ansicht des ehemaligen US-Vizepräsiden Al Gore zu erwarten, wenn nicht radikale Maßnahmen gegen die Erderwärmung vollzogen werden (geäußert in der Sendung „State of the Union", CNN, 24.12.2023).

werden überrollt von der schieren Menge von Menschen und weggespült. Die Grenzen der Europäischen Union lassen sich genauso wenig schützen wie die der USA. Der Strom der Milliarden Menschen in den etwas kühleren, klimatisch gemäßigteren Norden hat unkontrollierbare Folgen für die Länder dieser Zone. Die vielen Neuankömmlinge können nicht geordnet untergebracht, menschenwürdig versorgt und integriert werden. Die schiere Zahl überfordert die Ordnungskräfte, die Verwaltung und die Polizei. Die staatlichen Institutionen versagen zunehmend, das Vertrauen der indigenen Bevölkerungen in die Obrigkeiten schwindet, nicht nur weil deren schönfärberische Voraussagen, der Klimawandel sei kein echtes Problem, sich als falsch erwiesen haben, sondern weil die Ordnung des Alltags sich auflöst: durch die nun für jedermann spürbaren physischen Folgen der Erderwärmung wie auch durch die radikalen gesellschaftlichen Veränderungen, die aus der nur noch als Migrationskatastrophe zu bezeichnenden Katastrophenmigration resultieren.

Das Paradox autoritärer Regierungen wird sein, dass sie durch Leugnung der Klimaprobleme an die Macht gekommen sind und dadurch auch wieder ihre Autorität verlieren – und mit ihnen verliert sie fatalerweise auch der Staat. Sein Gewaltmonopol zerbröselt, wenn Bürger ihm nicht mehr zutrauen, die bestehende Ordnung aufrechtzuerhalten. Damit verliert auch das Rechtssystem seine zivilisierende gesellschaftliche Funktion: die gewaltfreie Prozessierung und Entscheidung von Konflikten. Jeder nimmt nun sein vermeintliches Recht in die eigenen Hände und bewaffnet sich, um sein Hab und Gut zu verteidigen. Auch die nicht mehr angemessen versorgten und um ihr Überleben kämpfenden Klimaflüchtlinge sind angesichts des Versagens staatlicher Institutionen darauf angewiesen, ihre Versorgung autonom durchzusetzen. Jeder kämpft nun gegen jeden.

Was bislang in hermetisch geschlossenen Bubbles im Internet verbal geschah, wird nun auf der Straße in Taten umgesetzt: Aus Bubbles werden Milizen Gleichgesinnter, die versuchen, die Macht zu übernehmen. Die nationalen Gesellschaften durchlaufen einen Regressionsprozess, einen atavistischen Rückfall in lang vergangene Sozialformen. Die sich bildenden Milizen funktionieren wie Stämme in grauen Vorzeiten, und diese Stämme konkurrieren und führen Krieg gegeneinander um überlebensnotwendige Ressourcen. Die zahlreichen Milliardäre, die es gewohnt sind, über ihre unternehmerischen Imperien zu herrschen, dürften sich Territorien in klimatisch verträglichen Gegenden sichern, die durch ihre Privatarmeen vom Rest der Welt abgeschirmt werden. Und es kommt, analog zum Wettbewerb auf den globalen Märkten, zu Machtkämpfen zwischen diesen zu Oligarchen mutierten Wirtschaftsbossen. Als Warlords versuchen sie ihre Herrschaftsbereiche auszudehnen.

Chaos, Bürgerkrieg, die Zersplitterung des Staats in kleinere, territorial begrenzte soziale Einheiten, in denen autoritäre Herrscher die Macht innehaben, sind das Resultat solch einer Dynamik. Zu beobachten ist das auch heute schon in „Failed States“[37] wie Libyen nach dem Sturz Gaddafis oder in Somalia, auch wenn dort die Warlords keine Wirtschafts- sondern Militärführer waren; aber der Unterschied verschwimmt in solchen Lagen: Generäle beherrschen die Wirtschaft, Unternehmer das Militär. Das basale Kriterium des Machtgewinns ist die rohe Gewalt. Wer am besten bewaffnet ist und über die meiste Manpower verfügt, gewinnt. Die zivilisatorischen Errungenschaften, die durch das Gewaltmonopol des Staates und ein autonomes Rechtssystem im Laufe der Menschheitsgeschichte – zumindest in etlichen Gegenden der Welt – erworben wurden, gehen verloren. Es entstehen gesellschaftliche Verhältnisse, die von manchen Auguren wohl zu Recht als „Barbarei“ bezeichnet und prophezeit werden.[38]

Diktatur und Klimafaschismus

Es ist ein verbreiteter Irrtum, dass diktatorische Herrschaft in der Regel gegen den Willen der Beherrschten etabliert und aufrechterhalten wird. Das nur oberflächlich skizzierte Szenario bürgerkriegsartiger Zustände, in denen die gewohnten, Sicherheit stiftenden sozialen Strukturen zerstört sind und keiner mehr weiß, was er von seinen Nachbarn, dem neuen Tag, der Zukunft erwarten kann, führt zur Verunsicherung auch und vor allem früher gutbürgerlicher, bis dahin demokratisch gesinnter Mehrheiten der Bevölkerung. Niemand weiß mehr, was ihn erwartet, was von ihm erwartet wird oder er selbst von sich zu erwarten hat. Das erzeugt die Sehnsucht nach dem „starken Mann“, der „durchgreift“ und wieder für Ruhe und Ordnung sorgt. Wenn das Netz der lange gewohnten Erwartungserwartungen zerrissen ist, steigt die Unsicherheit ins Unermessliche und die Suche nach einer Lösung wird immer verzweifelter. Der Freiheitsgrad des Einzelnen ist zur Anarchie gesteigert, sodass diese Freiheit de facto als Einschränkung eigener Freiheit erlebt wird. Hier erweist sich das Paradox, dass erst die verlässliche Einschränkung der Freiheitsgrade des individuellen Handelns durch zuverlässige Spielregeln den Raum für freie Entscheidungen – innerhalb der sozial gesetzten Grenzen – eröffnet. Das macht nicht nur autoritäre Strukturen, sondern sogar die Diktaturen attraktiv, wenn sie versprechen, chaotischen Verhältnissen ein Ende zu setzen. (Wer schon einmal auf eigene Faust mit dem Rucksack und beschränkten finanziellen Mitteln durch exotische Länder gereist ist, weiß, wie sicher man sich als Fremder in autoritär regierten Staaten fühlt – selbstverständlich nur, solange man sich nicht kritisch politisch äußert oder betätigt.)

Spätestens wenn die Gesellschaft als *barbarisch* erlebt wird oder die Klimaschäden und/oder die durch sie ausgelösten Völkerwanderungen das alltägliche Überleben der Durchschnittsbürger immer mehr gefährden und der Angstpegel der Bevölkerung steigt, wird daher der Wunsch nach „Ordnung" immer lauter. Nur dem sprichwörtlichen *starken Mann* bzw. einer höheren Macht, die sich gegen Widerstände durchsetzen kann, wird – nicht ganz zu Unrecht – zugetraut, die fatalen Machtkämpfe zu beenden. Das führt allerdings nicht gleich zum Ende der Bürgerkriegsdynamik, sondern erst einmal zu deren Verstärkung, da alle Warlords sich als potenzielle Herrscher sehen und den Kampf um den endgültigen Sieg intensivieren.

Der Ruf nach einschneidenden Maßnahmen, nicht nur gegen Migration, sondern auch gegen ihre Ursachen in der Erderwärmung, wird immer lauter. Immer wenn Bedrohungen erlebt werden, Zeitdruck zu bestehen scheint und *entschieden* gehandelt werden soll oder muss (was nicht dasselbe ist), ist die Bereitschaft, sich irgendwelchen das Heil versprechenden Führern unterzuordnen, sehr groß. Das liegt zum einen daran, dass in Notsituationen, wenn schnell gehandelt werden muss, keine Zeit für lange Diskussionen und die Entfaltung des Diskurses zwecks Lösungssuche zu bestehen scheint. Zum anderen – und das ist ein nicht zu unterschätzender Faktor – besteht eine bewährte Methode der Bewältigung individueller wie kollektiver Unsicherheit darin, sich nicht nur in hierarchische Strukturen zu fügen, sondern sich darüber hinaus an idealisierten und heroisierten *Personen* zu orientieren.* Die Hoffnungen werden auf einen allmächtigen, gottgleichen Retter gerichtet, der „das Problem" (als wäre es nur eines) zu lösen verspricht.

Wenn man studiert, wie Diktatoren an die Macht kommen, so zeigen sich zwei typische, unterschiedliche Muster. Das erste besteht darin, dass – wie oben für die Entwicklung autoritärer Strukturen beschrieben – der entscheidende Schritt zur totalen Machtergreifung in einer gewonnenen, demokratischen Wahl besteht und dann, nach und nach, das politische System in seiner Struktur und in seinen Institutionen umgebaut wird. Es ist dann nur noch ein kleiner, letzter Schritt zur Alleinherrschaft eines Einzelnen. Er kommt in die Lage, seine Macht auf Dauer zu stellen und manchmal sogar eine Dynastie zu etablieren. Dieses Muster kann an der Karriere Vladimir Putins in Russland nachverfolgt werden. Er wurde zwar ursprünglich nicht gewählt, sondern von seinem Vorgänger ins Amt gebracht, aber zu dem Zeitpunkt bestanden in Russland noch mehr oder weniger demokratische Strukturen. Aber das änderte sich im Laufe der Zeit: Das Wahlrecht wurde geändert, die freie Presse eingeschränkt, die Aktivitäten von nicht-staat-

---

* Neben Strukturen (Kommunikationswegen) eine der wichtigen „Entscheidungsprämissen", durch die das Verhalten von Individuen gesteuert wird, vgl. Luhmann (2000a), S. 225 ff.

lichen Organisationen limitiert, schließlich das Recht auf freie Meinungsäußerung de facto aufgehoben usw. (andere Potentaten folgten diesem Rezept der langsamen Erosion demokratischer Institutionen – was in Russland, wie auch etwa in Polen oder Ungarn auch deshalb so gut gegangen sein dürfte, weil es keine längere demokratische Tradition gab). Am Ende solch eines Prozesses steht dann die Autokratie eines Einzelnen, eines Diktators.

Ganz anders verläuft die gewaltsame Machtübernahme durch eine Junta von Militärs, die, wenn sie nicht wie skizziert im Rahmen eines Bürgerkriegs erstritten wird, in Form eines Militärputsches erfolgt (in den nachkolonialen Staaten Afrikas war und ist das dutzendfach zu beobachten).

Ob schleichend oder durch einen Putsch, in jedem Fall wird die Macht des Diktators durch einen ihm ergebenen *Apparat* – bestehend aus Geheimdiensten und Militär, einem dem Führer loyalen Rechtssystem und der repressiven Nutzung staatlicher Gewalt bzw. der entsprechenden Ordnungskräfte – gesichert.[39]

Die erlebte chaotische Entwicklung führt dazu, dass irgendwann alle aufatmen, wenn ein Diktator die Macht übernimmt. Die Kämpfe sind nun beendet, es wird durchregiert, ein strenger Staat steht nach Auflösung aller vertrauten Strukturen für eine neue Ordnung, und er kann sie mit der ihm verfügbaren militärischen und polizeilichen Gewalt durchsetzen und stabilisieren. Eine totalitäre Herrschaft wird von der überwiegenden Mehrheit der Bevölkerung akzeptiert, weil jeder Einzelne befürchten musste, den letzten

Rest (s)einer konsensuell geordneten Welt zu verlieren, und sich allein ohnmächtig und hilflos unberechenbaren Kräften ausgeliefert fühlte. Mit den Worten Hannah Arendts:

„Nur wo diese gemeinsame Welt völlig zerstört und eine in sich völlig unzusammenhängende Gesellschaftsmasse entstanden ist, deren heterogene Gleichförmigkeit aus nicht nur isolierten, sondern auf sich selbst und nichts sonst zurückgeworfenen Individuen besteht, kann die totale Herrschaft ihre volle Macht ausüben, sich ungehindert durchsetzen“[40].

Ob nun schleichend oder gewaltsam eine Diktatur zur Herrschaftsform wird, spielt in Bezug auf die Frage des Klimaschutzes keine relevante Rolle. In jedem Fall kann nun top-down entschieden werden, was zu tun ist. Und das ist – ganz nüchtern betrachtet – für den Klimaschutz wie generell in Notlagen ein komparativer Vorteil gegenüber Demokratien. Denn alle Zeitverzögerungen, die in Demokratien z. B. durch Klagen gegen staatliche Maßnahmen, Verordnungen und Gesetze hervorgerufen werden, fallen weg, wenn *per ordre de mufti* bestimmt wird, dies oder jenes zu tun.

Wenn – wie in dem hier entwickelten dystopischen Szenario – die große Mehrzahl der Staaten (Zeitpunkt: etwa Ende des 21. Jahrhunderts) Diktaturen sind, dann kann auch leichter ein internationaler Konsens über all die Maßnahmen, die von der Klimaforschung vorgeschlagen werden, gefunden werden, auch wenn dadurch die Freiheitsrechte des Einzelnen und der Wirtschaft weitestgehend eingeschränkt werden. Zum einen müssen Diktatoren nicht auf die nächste Wahl

Rücksicht nehmen, zum anderen hat die Bevölkerung selbst dann, wenn sie nicht einverstanden ist, wenig Möglichkeiten, ihre Unzufriedenheit zu artikulieren und dadurch politische Entscheidungen zu beeinflussen. Die durch den Schutz des Klimas verursachten Zumutungen an sie müssen wohl oder übel erduldet werden.

Ein Faktor, der Hoffnung für die zu diesem Zeitpunkt schon schwer geschädigte Erde verspricht, ist die Erfahrung, dass Diktatoren sich meist gut gegenseitig verstehen; zumindest, wenn sie einen gemeinsamen Gegner identifizieren und sich gegen ihn verbünden können, ohne gegenseitig ihre Macht infrage zu stellen. Und da die Klimaerwärmung dann für alle ein nicht mehr zu leugnendes Faktum sein wird, sondern sich alle mit ihren katastrophalen Konsequenzen plagen, können sie gegen diesen gemeinsamen Feind auch ohne Gesichts- oder Machtverlust kooperieren.

Ab dann dürften der Bevölkerung radikale Einschränkungen ihrer Freiheiten und Verluste des Wohlstands zugemutet werden. Eingetreten ist dann weltweit, was in der politischen Auseinandersetzung auch als „Öko-“ oder „Klimafaschismus“ bezeichnet wird.[41] Allerdings dürfte dieser Begriff zu verharmlosend sein, denn der Faschismus bezieht sich dann nicht mehr in erster Linie auf das Klima, sondern lediglich *auch* auf das Klima.

Eine Perspektive, die politisch nicht wirklich attraktiv erscheint, doch dem Klima dürfte es egal sein, durch welche Herrschaftsform und durch welche Art des politischen Systems es „gerettet“ wird. Genau genommen wird es natürlich nicht gerettet, denn Klima „an sich“ kann ja nicht bedroht sein; bestenfalls wird der weitere Anstieg der Erderwärmung gebremst, wobei die bereits eingetretenen Schäden – zum Beispiel: abgeschmolzene Gletscher und das Aussterben Hunderter von Arten, nicht nur an Land, sondern auch in den Ozeanen wegen des Anstiegs der Meerestemperatur – nicht rückgängig zu machen sind; man bekommt die Zahnpasta nun einmal nicht mehr zurück in die Tube ...

Was tun?

Um dem (leider wohl realistischen) Pessimismus, der in den vorigen Kapiteln zelebriert wurde, etwas Optimistisches entgegenzusetzen: Die Menschheit wird wohl trotz Erderwärmung und selbst dann, wenn der Klub verbrüderter Diktatoren nicht das Klima „retten" sollte, überleben. Schauen wir ein paar der Gründe an, die helfen können, die Hoffnung nicht (oder wirklich erst *zuletzt*) sterben zu lassen.

Da die meisten Politiker in demokratischen Staaten zurzeit – entweder offen deklariert oder offenbart durch ihre Entscheidungen – davon ausgehen, dass sich wirksame Maßnahmen des Klimaschutzes politisch nicht durchsetzen lassen, dürfte ein Gedankenexperiment erhellend sein, dessen Prämisse ist, dass der Klimawandel – wie von Querdenkern und Verschwörungsmythologen behauptet – *nicht menschengemacht* ist und daher Menschen keinen Einfluss auf das sich „sowieso" ändernde Klima haben. Daraus ergibt sich die Frage: Was wird passieren, wenn es immer heißer wird, was immer auch politisch entschieden werden sollte?

Die Antwort ist: *Adaption*. Die Menschheit müsste/würde sich den veränderten Umweltbedingungen anpassen. Es ist ja ein grundlegendes Paradox der menschlichen Spezies, dass sie, um in einer wenig freundlichen Umwelt zu überleben, körperlich seit je nur unzureichend ausgestattet ist. Der Mensch hat, anders als der Bär, kein Fell, das ihn gegen Kälte schützt, und im Gegensatz zum Kamel ist seine Fähigkeit, Wasser zu speichern, um längere Perioden der

Dürre überstehen zu können, sehr beschränkt. Aber diese Defizite konnte er im Laufe seiner Geschichte durch Kreativität, Intelligenz und Technik kompensieren. Er erfand Kleidungsstücke, die ihn im Winter wärmen, den Sonnenschirm, um sich Schatten zu spenden, und Klimaanlagen, um auch in den heißesten Gegenden der Welt im Haus eine wärmende Winterjacke zu brauchen. Kurz gesagt, die Anpassungsfähigkeit des Menschen ist ziemlich groß, wenn auch nicht unbegrenzt. Er kann entweder sich selbst und sein Verhalten ändern, um in der sich ändernden Umwelt überleben zu können, oder er kann seine Umwelt zu diesem Zweck zielgerichtet verändern (dass er sie auch in nicht-intendierter Weise verändert, hat ihn nun allerdings in die Bredouille gebracht). Der Mensch gehört wahrscheinlich zu den Lebewesen, die als Gattung die größte Anpassungsfähigkeit und damit die größte Überlebenschance haben. Was die Saurier in früheren Klimakatastrophen nicht geschafft haben, dürften die Menschen schaffen. Nicht alle, natürlich, aber genug, um das Fortbestehen der Menschheit zu sichern.

Allerdings würde wohl ein gnadenloser Selektionsprozess stattfinden, in dem der Reichtum an Ressourcen entscheidet, wer überlebt (das war zwar im Prinzip immer so, aber im Vergleich zu dem drohenden Hitze-Szenario nicht der Rede wert). Ohne jetzt das ganze Bild auszumalen, dürfte klar sein, dass Leute, die es sich finanziell leisten können und über die technischen Mittel verfügen, sich in Gegenden auf der Erde begeben werden (nicht reisen, sondern umsiedeln), in denen sie weder in steigenden Meeresfluten ersaufen noch von der glühenden Sonne gekocht werden. Sie haben daher die besten Chancen zu überleben. Einige Tycoons der Tech-Industrie, Milliardäre mit nahezu unerschöpflichen Finanzmitteln, die bereits ihre eigenen Raketen in den Weltraum senden und dessen Besiedlung planen, stehen 2024 kurz davor, ihre zu 95 % fertigen Pläne künstlicher Städte und Staaten auf den Ozeanen[42] zu verwirklichen (eigene, selbst erschaffene Staaten haben den Vorteil, ihre Verfassungen nach dem persönlichen – nicht immer sonderlich guten und schon gar nicht demokratischen – Geschmack gestalten zu können). Es handelt sich um eine extreme Form des *Survival of the Fittest*, wobei Fitness mit Reichtum gleichzusetzen ist. Mag sein, dass auch Intelligenz und Cleverness bzw. schlichte Abgebrühtheit oder Skrupellosigkeit die Art von Fitness sind, die es im Einzelfall jemandem ermöglichen, einen Ort zu finden, an dem er oder sie in mildem Klima überleben kann. Auf jeden Fall dürfte es auf individueller Ebene zu einem gnadenlosen Ausleseprozess kommen.

Auf sozialer bzw. staatlicher Ebene dürfte ein analoger Selektionsprozess stattfinden, allerdings relativiert durch geografische Fakten. Arme Länder in Wasserlage („Vista sul Mare“) wie manche Pazifik-Inselreiche haben keine Chance, ihr Territorium zu retten. Reiche Länder, die nah am Wasser gebaut haben, wie etwa die Niederlande, können versuchen durch Erhöhung von Deichen ihr Land zu retten. Obwohl auch diese Möglichkeiten begrenzt sein dürften, könnten sie für eine gewisse Zeit die Überflutung des Landes verhindern. Wenn das nicht mehr gelingt, dann werden sich die vormaligen Bewohner Amsterdams in die Kolonnen der Klimaflüchtlinge einreihen und ihre jetzt schon in der Wintersportsaison zu beobachtende Sehnsucht nach den Bergen weiter kultivieren. Von den Stränden an den Hängen deutscher Mittelgebirge (Clausthal-Zellerfeld) war schon die Rede. Auch wenn also die Menschheit trotz quantitativer Verluste (was wahrscheinlich – so viel Zynismus muss sein – der am Klimawandel krankenden Erde eine heilende Wirkung versprechen könnte) überleben dürfte, demokratische Staatsformen haben nur geringe Überlebenschancen.

Dass, wenn gar nichts gegen den Klimawandel unternommen würde, die gesellschaftlichen und politischen Konsequenzen anders wären als in der oben skizzierten autoritativen Dystopie, ist zu bezweifeln. Wenn sich allerdings die Ansicht durchsetzen sollte, dass wir Menschen eh keinen Einfluss auf das Klima haben, wir unser Schicksal zu ertragen und irgendwie zu bewältigen haben, würden wohl auch an das politische System andere Forderungen gestellt – und Politiker würden wahrscheinlich dann nicht als Sündenböcke identifiziert und gelyncht (obwohl es bei dem Schlachten von Sündenböcken in der Menschheitsgeschichte ja nie um tatsächliche Schuld ging).

Die Einsicht, dass der Klimawandel *menschengemacht* ist, erweist sich im Kontrast zu diesem Szenario als die bessere, mehr Grund zum Optimismus liefernde Variante. Wo man sich als Mensch die „Schuld“ (verstanden als Ursache, nicht im moralischen Sinne) an irgendwelchen Ereignissen oder

Prozessen zuschreiben kann, hat man die Möglichkeit, zu lernen und etwas zu ändern. Wer meint, er ziehe einen Vorteil daraus, sich selbst von Schuld freisprechen zu können – und das betrifft nicht nur den Klimawandel, sondern alles, was schief geht im Leben –, handelt sich damit die eigene *Ohnmacht* ein. Erst, wenn wir unser Zutun zu einem negativ bewerteten Geschehen erkennen bzw. anerkennen (und sei es nur hypothetisch, und sei es auch falsch und nicht der Realität entsprechend), gewinnen wir eine gewisse Macht, etwas zu verändern. Andernfalls müssen wir darauf hoffen, dass irgendwelche höheren Mächte dafür sorgen werden, dass alles schon irgendwie „wieder gut wird", oder aber resignieren.

Gehen wir daher kurz der Frage nach, ob denn der Pfad der Ereignisse anders als oben ausgemalt verlaufen könnte und ob die utopische Chance besteht, wirksame Maßnahmen, die zur Mitigation der Erderwärmung beitragen, politisch durchzusetzen.

Um nicht illusionäre Hoffnungen zur Grundlage der Überlegungen zu machen und um die bislang in der Argumentation durchgehaltene, pessimistische Perspektive nicht aufzugeben, soll nicht davon ausgegangen werden, dass unerwartete technische Innovationen (auf die ja die meisten gegenwärtigen politischen Parteien hoffen, um damit ihr Nichts-Tun zu begründen) dafür sorgen werden, dass der CO_2-Ausstoß der Industrie minimiert und „grünes Wachstum" möglich wird. Wenn das wider Erwarten doch gelingen sollte, ist es ja wunderbar, und wir müssen hier keine Buchstaben verschwenden, um das zu bejubeln.

Konsequenz: Degrowth lässt sich nicht vermeiden. Das Wirtschaftswachstum der westlichen Industriegesellschaften (d. h. des globalen Nordens), das zum überwältigenden Teil für die Erderwärmung verantwortlich zu machen ist, muss beendet und das Schrumpfen der Wirtschaft zum Programm erhoben werden. Dass dies in einer Demokratie auf massive Widerstände stößt, ist klar. Wie könnte es dennoch gelingen? (In Ländern mit autoritären Regimes können ja sehr schnell auch Programme zum Umweltschutz umgesetzt werden, wie China im Bereich der E-Mobilität und der erneuerbaren Energien beweist.)

Zur Beantwortung dieser Frage wird von engagierten Organisationsberatern auf ihre Erfahrungen bei radikalen Transformationsprozessen in Unternehmen verwiesen. Auch dort stoßen gezielte Veränderungen auf Widerstand, müssen die miteinander im Konflikt liegenden Interessen unterschiedlicher Stakeholder balanciert werden, und es ist mühsam, irgendeinen beschlossenen Wandel zu realisieren (wenn er denn überhaupt gelingt).[43] Nun bestehen aber große Unterschiede zwischen Staaten oder, noch gravierender, einer Anzahl autonomer Staaten, wie sie die Industrienationen des globalen Nordens darstellen, und Organisationen. Daher ist ein Transformationsprojekt „Top-down", wie das in Unternehmen denkbar ist, hier von vornherein nicht machbar. Schließlich gibt es keine Weltregierung oder Eigentümer, die solch einen Transformationsprozess – kollektiv bindend – beschließen könnten.

Was aber analog nötig und möglich wäre, ist öffentlich einen *Case for Action* zu schaffen, d. h. einen Kulturwandel zu fordern und anzustreben, der den Abschied von Konsumismus und Wirtschaftswachstum nicht nur plausibel und akzeptabel, sondern erstrebenswert macht. Es geht dabei um einen radikalen Mentalitätswandel der Bevölkerung der Industriestaaten – und das nicht nur eines Staats, sondern vieler/aller.

Nach dem Zweiten Weltkrieg war das Versprechen der Politik an das Wahlvolk in Europa und den USA, dass sich für jeden die Lebensbedingungen verbessern sollten („Wohlstand für alle!"). Dies blieb kein hohles Versprechen, da durch Wachstum von Wirtschaft und Produktivität der erwirtschaftete Zuwachs an Gewinn geteilt werden konnte. Niemand musste auf irgendetwas verzichten, da mehr zu verteilen war. Wie könnte das *positive Bild* solch einer Zukunft (= gegenwärtige Zukunft) aussehen, wenn Wirtschaftswachstum nicht mehr möglich ist?

Antworten auf diese Frage lassen sich vielleicht finden, wenn wir uns klar machen, dass Wirtschaftswachstum ja kein Wert „an sich" war und ist, sondern ein Mittel zum Zweck, und der politische Zweck (nicht unbedingt für den einzelnen Unternehmer oder Kapitalgeber) war die *Steigerung der Lebensqualität* breiter Teile der Bevölkerung. Dass dabei auch ungeheure Vermögen angehäuft wurden, war aus politischer Perspektive eine Nebenwirkung, aber nicht Zweck des Wachstums.

Ein Schrumpfen des Wirtschaftswachstums ist aber – nüchtern betrachtet – nur dann ein Problem, wenn die Lebensqualität der Bevölkerung eines Staats allein materiell definiert wird:

Steigerung der Wirtschaftsleistung = Steigerung der Lebensqualität,
Schrumpfen der Wirtschaftsleistung = Schrumpfen der Lebensqualität.

Doch das ist Unsinn. Es gibt Studien, die zeigen, dass die erlebte Lebensqualität des Einzelnen ab einer gewissen, ein sorgloses Leben ermöglichenden, finanziellen Versorgung, nicht weiter steigt.[44] Und die Tatsache, dass der Generation Z vorgeworfen wird, sie sei faul, spricht dafür, dass sich deren Vorstellung von Lebensqualität nicht in erster Linie an materiellem Wohlstand orientiert (vielleicht aber, weil er als selbstverständlich erlebt wird). Das Auto hat seinen Charakter als Statussymbol weitgehend eingebüßt (außer für etwas zurückgebliebene alte weiße Männer), und als wahrer Luxus wird die Verfügbarkeit über Zeit für sich selbst und soziale Kontakte erlebt – Schlagwort: Work-Life-Balance (was schon deutlich macht, dass Arbeit und Leben zumindest tendenziell als Gegensatz erlebt werden). Derartige Tendenzen können auch die Grundlage bilden für ein neues kollektives Verständnis von Lebensqualität, das mit einem Schrumpfen der Wirtschaft kompatibel ist, zumal es bei diesem Schrumpfen in erster Linie um ein Schrumpfen der klimaschädlichen Produktion gehen würde. Arbeit würde nicht generell überflüssig. Es gibt ja jede Menge an Dienstleistungen, z. B. Care-Arbeit aller Art, die einen Beitrag zur Steigerung des Bruttosozialprodukts leisten, ohne wie die produzierende Industrie zum Klimawandel beizutragen.

Die belgische Philosophin und Wirtschaftswissenschaftlerin Ingrid Robeyns hat in einem Buch mit dem programmatischen Titel „Limitarismus" ein Modell vorgeschlagen, das einen Weg in diese Richtung weisen könnte. Sie schlägt vor, den individuellen Reichtum zu begrenzen (auf 10 Millionen Euro). Das hilft gegen die Erwärmung des Klimas, da die schädlichen Emissionen in überproportionaler Weise vom reichsten Teil der Weltbevölkerung ausgestoßen werden, der nur einen Prozentbruchteil aller Menschen ausmacht.[45] Dann müssten einige Milliardäre den Gürtel enger schnallen – also nur ein oder zwei Jachten und Privatflugzeuge statt einer ganzen Flotte –, aber ihre persönliche Handlungsfreiheit wäre nicht relevant eingeschränkt.

Doch die Idee der Begrenzung ist auch für Durchschnittsbürger durchaus mit einem lust- und sinnvollen Leben vereinbar. Um beim Lieblingskind der deutschen Industrie zu beginnen: Es muss nicht jeder ein Auto besitzen, das 23 Stunden des Tages ruhend und rostend auf der Straße steht, unbewegt wie ein alter Förderturm der Kohlegruben im Ruhrgebiet. Sein Zweck besteht – wenn der Status-Aspekt wegfällt – darin, dass sein Besitzer oder seine Besitzerin jederzeit autonom entscheiden darf, wann er oder sie von A nach B fahren kann. Darin liegt die Qualität des eigenen Autos. Das lässt sich aber, wie schon seit langer Zeit bekannt ist, auch anders organisieren (Carsharing usw.)[46] – vom selbstverständlich nötigen Ausbau eines gut funktionierenden, öffentlichen Verkehrsnetzes einmal ganz abgesehen. Es wurde bewusst oder unbewusst im Interesse der

Autoindustrie heruntergewirtschaftet (so hatte Los Angeles im Jahre 1948 ein mehrere hundert Kilometer langes Straßenbahn-Netz, doch dann wurde es verkauft – an General Motors – und, welch Überraschung: abgebaut). Es würden dann wahrscheinlich immer noch viele Autos gebaut, aber sicher weniger als jetzt.

Etliche Arbeitsplätze in der Produktion würden überflüssig, sodass die bis dahin Beschäftigten nach Hause geschickt würden. Sie müssten dann trotzdem ihren Lebensunterhalt sichern können. Doch das braucht nicht mehr in der Weise zu geschehen, dass sie 40 Stunden irgendeine fremdbestimmte Arbeit ausführen. Wenn im Moment manch Arbeitsloser in eine psychische Krise gerät, hat das ja nicht damit zu tun, dass er keine Arbeit hat, sondern dass er seinen Selbstwert an den Wert seiner Arbeit koppelt (und seine soziale Anerkennung ist es meist ja auch). Dass das nicht so sein muss, beweist die Geschichte der britischen Oberschicht, die seit Jahrhunderten sehr kreativ war, sich der Gestaltung ihrer freien Zeit zu widmen, da sie finanziell ausgesorgt hatte und nicht arbeiten musste: Sie erfand etliche Sportarten, die Sinn stiften konnten, ohne dass es dazu produktiver Leistungen bedurfte: vom Cricket bis zum Polo, vom Fußball bis zum Golf. Alles Ergebnisse der Arbeitslosigkeit reicher Leute. Nun soll hier nicht vorgeschlagen werden, die ehemaligen Arbeiter von VW sollten nun Golf oder Polo spielen (nachdem sie zuvor den Polo oder den Golf montiert hatten). Aber das Problem, seine freie Zeit individuell sinnvoll zu verbringen, könnte sich in einer geschrumpften Wirtschaft allgemein ergeben. Daher müsste wahrscheinlich in Schulen ein neues Fach mit dem Thema „Mußefähigkeit" eingeführt werden. Das Ziel schulischer Bildung dürfte nicht mehr, wie jetzt, sein, sich gut in Organisationen und Arbeitswelt einzufügen, sondern autonom seine Neugier, Intelligenz und Kreativität zu nutzen, sich zu bilden, künstlerisch zu interessieren, Citizen Science zu betreiben, Fürsorge für andere zu übernehmen und mit den Kindern zu spielen oder auch – wenn es Spaß macht – Blumen zu züchten oder Bierdeckel zu sammeln. Es müsste vermittelt werden, dass nicht der Verwertungszwang auf irgendwelchen Märkten den Sinn einer Tätigkeit bestimmt.

Und generell gilt natürlich: Nichts gegen Märkte. Sie sind ein intelligentes Mittel zur Allokation von Gütern aller Art. Aber nicht alles, was sich verkaufen lässt, ist wirklich auch nützlich. Vieles ist nicht nur unnütz, sondern aufgrund der Emissionen bei der Produktion für die Erde und damit die Menschheit schädlich. Fast Fashion, Kleidung, die nach einmaligem Gebrauch weggeworfen werden kann, Spielzeug aus Plastik, Weihnachtsmänner aus Kunststoff, die batteriegetrieben einen Bauchtanz vollziehen können, mögen Arbeitsplätze erhalten, aber zur Bewahrung der Lebensqualität braucht dies alles wahrscheinlich niemand. Die Aufenthaltsqualität in den Städten würde verbessert, wenn die von Autos befreiten Parkplätze zu Parkflächen umgewandelt und bepflanzt würden usw.

Die Konsequenzen für die Kultur eines Landes, in dem nicht einfach den Märkten die Selektion überlassen wird, was wo wie und wann produziert wird, sondern im Blick auf die Lebensqualität der Menschen ausgewählt würde, mag sich jeder selbst ausmalen. Solch eine Selektion kann wahrscheinlich auch mithilfe von Marktmechanismen am wirksamsten gelingen, wenn z. B. all die schädlichen Wegwerfwaren mit hohen Steuern belastet würden. Jeder könnte immer noch den bauchtanzenden Weihnachtsmann kaufen, aber er würde dafür horrend zur Kasse gebeten. Natürlich ergibt sich, angesichts desaströser Erfahrungen mit der Planwirtschaft im sogenannten „real existierenden Sozialismus" die Frage, wer denn über die geringe Nützlichkeit bauchtanzender Weihnachtsmänner und die deswegen zu erhebenden hohen Steuern entscheiden sollte. Das ließe sich wahrscheinlich am ehesten demokratisch entscheiden, indem dazu Bürgerräte, die über die Bedingungen eines „guten Lebens" diskutieren, oder Abstimmungen, direkte Online-Befragungen oder Ähnliches eingeführt würden (auf jeden Fall ließen sich Entscheidungsprozesse organisieren, die zielgerichteter sind als die eines von der Werbung getriebenen Marktes).

Es würde wohl immer noch Wachstum stattfinden, aber es würde zielgerichtet begrenzt. Denn weiterhin würden neue Technologien entwickelt, die das Leben angenehmer machen. Deren Erfinder sind meist nicht primär von materiellen Interessen getrieben, sondern von ihrer Kreativität oder dem Wunsch, etwas neu zu gestalten oder auch die Welt zu verbessern …

Der erste Schritt zur Begrenzung des Wachstums – noch bevor konkrete Maßnahmen ergriffen werden könnten –

müsste darin bestehen, die Öffentlichkeit (hier: das Wahlvolk) davon zu überzeugen, dass radikale Veränderungen unabdingbar, d.h. überlebensnotwendig, sind. Das ist in einer pluralistischen Gesellschaft mit einer freien Presse und sozialen Medien, in denen jeder seine Meinung verbreiten kann, und mit konkurrierenden Parteien ziemlich schwierig. Die einzige Chance, in der Hinsicht erfolgreich zu sein, würde wohl voraussetzen, dass alle demokratischen Parteien ihre Einigkeit demonstrieren, ein Schrumpfen der Wirtschaft sei nötig, und sie die Frage des Ob nicht zum Wahlkampfthema machen. Die politische Kontroverse müsste auf die Frage des Wie fokussiert werden, ohne das Ob infrage zu stellen.

Die Auseinandersetzung könnte sich dann um die konkrete Frage drehen, wie die (neu definierte) Lebensqualität der Bürger eines Landes auch bzw. gerade dann aufrechterhalten werden kann, wenn mit keinem weiteren Wirtschaftswachstum zu rechnen ist. Diese Diskussion dürfte wahrscheinlich sehr schnell bei Gerechtigkeitsfragen landen. Ging es früher um die Verteilung der *Wachstumsgewinne*, geht es heute um die Verteilung der *Lasten des wirtschaftlichen Schrumpfens*.

Auch die angedeuteten quasi-philosophischen Fragen der Lebensqualität dürften dabei die Debatte bestimmen: Was ist ein „gutes Leben“, und welche Rolle spielt der Staat dabei, es seinen Bürgern zu ermöglichen?

Dass die Menge des Konsums keineswegs längerfristig oder zwangsläufig mit der Lebenszufriedenheit von Menschen gekoppelt ist, hat die Forschung ja schon länger festgestellt. Sie könnte auch Ideenlieferant für neue Formen des Sozialstaats werden, der die Minimalbedingungen für ein „gutes Leben" garantiert, aber darüber hinaus wirtschaftlichen Aktivitäten (nur) dort Grenzen setzt, wo sie die Erderwärmung fördern. Das heißt konkret, dass die Bevölkerung wahrscheinlich mit einem bedingungslosen Grundeinkommen versorgt werden müsste. Mag sein, dass dies alles auf das von wachstumskritischen Autoren[47] vorhergesehene Ende des Kapitalismus hinausläuft. Aber dass sich neue Formen des Wirtschaftens aufgrund der gezielten Begrenzung des Wachstums herausbilden, ist gleichermaßen wahrscheinlich oder unwahrscheinlich wie grandiose technische Innovationen, die ermöglichen, dass alles so weitergehen kann wie bisher.

Angesichts der weiter bestehenden Differenzierung der Weltgesellschaft in autonome Nationen würde es nicht reichen, wenn – falls erfolgreich – nur in einem einzelnen Staat solche Veränderungen stattfinden würden. Helmut Willke hat in seinem Buch „Klimakrise und Gesellschaftstheorie"[48] ein Modell entwickelt, wie „lateral", d. h. quer zu den Grenzen der Staaten, eine globale Kooperation von Nicht-Regierungsorganisationen und staatlichen Institutionen gemeinsam Pläne zur Eindämmung des Klimawandels entwickeln und umsetzen könnte. Es ist ein Modell, in welchem die Strukturen und Werte demokratischer Staaten trotz ihrer eingebauten Defizite erhalten bleiben können, weil mithilfe von Organisationen des privaten Sektors Maßnahmen zum Bremsen des Klimawandels unter Einhaltung demokratischer Prozeduren trotz ihrer Widerborstigkeit entschieden und umgesetzt werden können.

Der wohl wichtigste Einwand gegen eine, wie gerade skizziert, idealisierende, klein- oder bildungsbürgerliche Idylle ist: Im globalen Süden ist deren Realisierung kaum vorstellbar, da dort in vielen Gegenden erst einmal ganz elementare Bedürfnisse der Menschen, wie hinreichend Nahrungsmittel zu produzieren, befriedigt werden müssen – aber dort herrschen ja eh schon oft Diktatoren.

Die Hoffnung, dass die Demokratie, wo es sie zurzeit noch gibt, erhalten werden kann, ist alles in allem nicht sehr groß – und auch nicht die Hoffnung, dass das oben entwickelte Worst-Case-Szenario zu einem paradoxen Ergebnis führt und von autoritären oder diktatorischen Regierungen das getan wird, was wissenschaftlich angeraten erscheint, um die Erde für größere Teile der Menschheit bewohnbar zu erhalten.

Aber, um das noch einmal zu betonen: Worst-Case-Szenarien haben den Zweck, eine schwarz ausgemalte Zukunft zu verhindern.

Hinweis/Dank

Der vorliegende Text ist die erweiterte Form eines Aufsatzes, der in dem Buch *Die Rettung des Planeten* (hrsg. von Dirk Baecker, Klaus-Heinrich Bette und Maren Lehmann; Campus Verlag, i. Vorb.) erscheint. Mein Dank gilt den Herausgebern des Bandes, da ich mich ohne ihre Einladung zu ihrem Buchprojekt nicht näher mit dem Thema „Klimakrise und Gesellschaftstheorie“ beschäftigt hätte.

Anmerkungen

1 Zitiert nach Schöne (1982), S. 98.
2 Luhmann (1997), S. 131 f.
3 Luhmann (2000b), S. 84.
4 Latour u. Schultz (2022), S. 28.
5 Latour u. Schultz (2022), S. 21.
6 https://www.spektrum.de/news/klimawandel-die-suedhalbkugel-trocknet-aus/2196744 [27.02.2024].
7 Luhmann (1988), S. 14 ff.
8 Vgl. auch Saito (2023), S. 55 ff.
9 Herrmann (2023), S. 203 ff.; Saito (2023), S. 207 ff.
10 Gernhardt et al. (1979), S. 13.
11 https://www.theguardian.com/us-news/2024/jan/03/2023-hottest-year-on-record-fossil-fuel-climate-crisis?CMP=Share_iOSApp_Other [27.02.2024].
12 https://www.spiegel.de/wissenschaft/natur/klimakrise-waermster-maerz-seit-messbeginn-18-monat-in-folge-reisst-temperaturrekord-a-932f5629-48f7-425f-9469-fe2a62bdbcfc [08.05.2024].
13 https://www.theguardian.com/environment/article/2024/may/09/carbon-dioxide-atmosphere-record?CMP=Share_iOSApp_Other [10.05.2024].
14 https://www.theguardian.com/environment/2024/jan/08/global-temperature-over-1-5-c-climate-change?CMP=Share_iOSApp_Other [27.02.2024].
15 Vgl. Maturana u. Varela (1987), S. 110; Luhmann (2000), S. 372 ff.; Willke (2023), S. 85.
16 Luhmann (2000b), S. 111.
17 Luhmann (2000b), S. 84.
18 Maedows et al. (1973).
19 Rahmstorf (2022).
20 Willke (2023), S. 137.
21 „Don't look up!" (2021), Buch/Regie: Adam McKay, Produzent: Netflix.
22 Schmitt (1926), S. 26 f.
23 Baecker (2000), S. 26.
24 Luhmann (2000a), S. 224.
25 Luhmann (1984), S. 515.
26 Watzlawick et. al. (1969), S. 179 f.
27 Luhmann (2000b), S. 41; Luhmann (2000a), S. 184.
28 Luhmann (2000b), S. 42.

29 Fromm (1941), S. 308.
30 Willke (1998), S. 76.
31 Simon (2019), S. 31 ff.
32 Canetti (1960), S. 333; Simon (2022), S. 903 ff.
33 Vgl. Karolewski u. Leggewie (2023).
34 Arendt (1951), S. 682.
35 https://www.faz.net/aktuell/politik/ausland/brasilien-massive-regenwald-abholzung-in-bolsonaros-letztem-monat-als-praesident-18585325.html [28.02.2024].
36 Chazalnoel u. Ionescu (2022).
37 Acemoclu u. Robinson (2012).
38 Saito (2023), S. 85 ff.
39 Vgl. Simon (2023)
40 Arendt (1951), S. 695.
41 Vgl. Saito (2023), S. 85; siehe auch: https://de.wikipedia.org/wiki/%C3%96kofaschismus [28.02.2024].
42 https://www.derstandard.de/story/2000130795617/liegt-die-zukunft-des-wohnens-auf-dem-wasser [06.05.2024].
43 Vgl. Seliger (2022).
44 Aknin et al. (2013).
45 https://de.statista.com/infografik/26885/anteil-der-einkommensschichten-an-den-globalen-co2-emissionen/ [10.05.2024].
46 Siehe z. B. Rifkin (2000).
47 Zum Beispiel Saito (2023), Herrmann (2023).
48 Willke (2023).

Literatur

Acemoclu, Daron u. James A. Robinson (2012): Why nations fail. New York (Crown Business).

Aknin, Lara B., Christopher P. Barrington-Leigh, Elizabeth W. Dunn, John F. Helliwell, Justine Burns, Robert Biswas-Diener, Imelda Kemeza, Paul Nyende, Claire E. Ashton-James a. Michael I. Norton (2013): Prosocial spending and well-being: Cross-cultural evidence for a psychological universal. Journal of Personality and Social Psychology, 104 (4), 635–652.

Arendt, Hannah (1951): Elemente und Ursprünge totaler Herrschaft. Antisemitismus, Imperialismus, totale Herrschaft. München (Piper), 24. Aufl. 2022.

Baecker, Dirk (2000): Wozu Kultur? Berlin (Kadmos).

Baecker, Dirk (2008): Wozu Systeme? Berlin (Kadmos).

Canetti, Elias (1960): Masse und Macht. Frankfurt a. M. (Fischer TB), 25. Aufl. 1999.

Chazalnoel, Mariam Traore u. Dina Ionescu (2022): Flucht vor Hitze, Dürre und Extremwetter. Wenn Menschen vor Ort nichts mehr zum Überleben bleibt. In: Wiegandt, K. (Hg.), 3 Grad mehr. Ein Blick in die drohende Heißzeit und wie uns die Natur helfen kann, sie zu verhindern. München (Oekom), 4. Aufl., S. 79–92.

Fromm, Erich (1941): Die Furcht vor der Freiheit. In: Ders. (1980): Gesamtausgabe, Bd. I, Analytische Sozialpsychologie. Stuttgart (Deutsche Verlags-anstalt).

Gernhardt, Robert, F. W. Bernstein u. Friedrich Karl Waechter (1964–1976): Welt im Spiegel. WimS 1964–1976. Frankfurt a. M. (Zweitausendeins) 1979, S. 13.

Herrmann, Ulrike (2022): Das Ende des Kapitalismus. Warum Wachstum und Klimaschutz nicht vereinbar sind – und wie wir in Zukunft leben werden. Köln (Kiepenheuer & Witsch), 8. Aufl. 2023.

Karolewski, Ireneusz Paweł u. Claus Leggewie (2023): Das Ende der Demokratie? Was in Polen auf dem Spiel steht. Blätter für deutsche und internationale Politik 9/2023: 93–98.

Latour, Bruno u. Nikolaj Schultz (2022): Zur Entstehung einer ökologischen Klasse. Ein Memorandum. Berlin (Suhrkamp).

Luhmann, Niklas (1984): Soziale Systeme. Frankfurt a. M. (Suhrkamp).

Luhmann, Niklas (1988): Die Wirtschaft der Gesellschaft. Frankfurt a. M. (Suhrkamp).

Luhmann, Niklas (1997): Die Gesellschaft der Gesellschaft. Frankfurt a. M. (Suhrkamp).

Luhmann, Niklas (2000a): Organisation und Entscheidung. Opladen/Wiesbaden. (Westdeutscher Verlag).
Luhmann, Niklas (2000b): Die Politik der Gesellschaft. Frankfurt a. M. (Suhrkamp).
Maturana, Humberto u. Francisco Varela (1987): Der Baum der Erkenntnis. Die biologischen Wurzeln des menschlichen Erkennens. Bern (Scherz).
Maedows, Dennis, Donella Maedows, Erich Zahn u. Peter Milling (1973): Die Grenzen des Wachstums. Club of Rome. Bericht des Club of Rome zur Lage der Menschheit. Reinbek (Rowohlt).
Rahmstorf, Stefan (2022): Klima und Wetter bei 3 Grad mehr. Eine Erde, wie wir sie nicht kennen (wollen). In: Klaus Wiegandt (Hg.), 3 Grad mehr. Ein Blick in die drohende Heißzeit und wie uns die Natur helfen kann, sie zu verhindern. München (Oekom), S. 13–30.
Rifkin, Jeremy (2000): Access – Das Verschwinden des Eigentums: Warum wir weniger besitzen und mehr ausgeben werden. Frankfurt (Campus), 3. Aufl. 2007.
Robeyns, Ingrid (2024): Limitarismus. Warum Reichtum begrenzt werden muss. Frankfurt (S. Fischer).
Saito, Kohei (2023): Systemsturz. Der Sieg der Natur über den Kapitalismus. München (dtv), 3. Aufl.
Schmitt, Carl (1926): Der Begriff des Politischen. Berlin (Duncker & Humblot), 6. Aufl. 1996.
Schöne, Albrecht (1982): Aufklärung aus dem Geist der Experimentalphysik. Lichtenbergsche Konjunktive. München (C.H. Beck).
Seliger, Ruth (2022): Systemische Beratung der Gesellschaft. Strategien für die Transformation. Heidelberg (Carl-Auer).
Simon, Fritz B. (2019): Anleitung zum Populismus oder: Ergreifen Sie die Macht. Heidelberg (Carl-Auer), 2. Aufl. 2024.
Simon, Fritz B. (2022): Formen (reloaded). Zur Kopplung von Organismus, Psyche und sozialen Systemen. Heidelberg (Carl-Auer).
Simon, Fritz B. (2023): Stalin und der Apparat. Die Organisation der Diktatur und die Psyche des Diktators. Heidelberg (Carl-Auer).
Watzlawick, Paul, Janet H. Beavin u. Don D. Jackson (1967): Menschliche Kommunikation. Formen, Störungen, Paradoxien. Bern 1969 (Huber).
Willke, Helmut (1982): Systemtheorie I: Grundlagen. Eine Einführung in die Grundprobleme der Theorie sozialer Systeme. Stuttgart/Jena (UTB), 7. Aufl. 2006.
Willke, Helmut (1998): Systemtheorie III: Steuerungstheorie. Stuttgart/Jena (UTB), 2. Aufl.
Willke, Helmut (2023): Klimakrise und Gesellschaftstheorie. Zu den Herausforderungen und Chancen globaler Umweltpolitik. Frankfurt/New York (Campus).